Sanar desde el vientre materno

La añoranza del gemelo desvanecido

Lic. Josefina Esperanza Ordóñez Rodríguez

Lic. Laura Raquel De la Vega Márquez

Sanar desde el vientre materno

Josefina Esperanza Ordoñez Rodríguez
Laura Raquel De la Vega Márquez

Primera edición: 2017

ISBN-13: 978-1976455292
ISBN-10: 1976455294
Derechos de autor: 03_2016_120211335000_01

Diseño de portada: Mónica Lizet Pérez Ordóñez
Ilustraciones: Claudia Isabel De la Vega Márquez

www.sanacionprenatal.com
perezordonez@hotmail.com
delavegalaura@outlook.com

ÍNDICE

AGRADECIMIENTO

A Dios, quien permitió la revelación de estos descubrimientos.

A nuestras familias, que siempre nos apoyaron.

A las personas que nos permitieron narrar y compartir sus testimonios.

Al Pbro. Dizán Vazquez Loya por asesorar esta investigación.

A Mons. Luis Leonardo Padilla Lomelí por su apoyo incondicional.

PRÓLOGO

Agradezco de corazón a Chepina (Josefina) y a Laura por haberme permitido esta hermosa oportunidad de presentarles el prólogo a una muy interesante investigación, fruto de muchos años invertidos, buscando, recopilando y organizando información muy valiosa que estoy seguro que a todos nos servirá en nuestra búsqueda de la sanación interior.

Fue hace algunos ayeres, a punto de terminar mi primaria, cuando tuve el honor de conocer a uno de mis mejores amigos: Manolo, hijo de Chepina. De ahí en adelante se formó una gran amistad, de donde afortunadamente sigo recopilando buenos consejos, apoyo y grandes ejemplos que me ayudan en mi desarrollo como ser humano. Lo interesante de esta pequeña introducción es que la familia de Manolo (de Chepina), siempre muy unida, comprometida con la sociedad, ha sido ejemplo a seguir; algunas de sus grandes cualidades son el servicio, el interés para que cada uno de nosotros seamos mejores seres humanos, tengamos mejores relaciones de pareja y sanemos aquellas heridas que hacen más difícil nuestro caminar por el mundo.

Es en estos temas de la sanación interior donde Chepina y Laura llevan trabajando varios años, y es con base al resultado que han tenido en las terapias que brindan y en los testimonios de algunos de los pacientes, que buscaron más allá de donde los terapeutas suelen llegar: se fueron hasta la vida intrauterina, y las relaciones que estos nuevos bebés en desarrollo establecen con su alrededor.

Cuál iba a ser mi sorpresa, que un domingo desayunando con Laura y Chepina me platicaron de su Investigación, del libro que estaban por publicar, de las heridas y cargas que podemos llevar que se originan desde el vientre materno.

Me platicaron que en las terapias que han llevado por años han logrado identificar que muchos de los pacientes refieren haber tenido a un gemelo, y que sus papás les confirmaron la existencia de un hermano que no había podido sobrevivir por diversas causas. Sus pacientes comentan el sentir la carga de otro compañero, de un gemelo que los pudo acompañar dentro de su vida fetal, pero que por diversas razones no pudo nacer, no se pudo desarrollar, se desvaneció. Además, que ese recuerdo por tratar de salvar a su hermano o sus hermanos, había dejado en la memoria celular una herida, que al ser identificada puede ser tratada y nos lleva a un proceso de sanación.

Pienso que no existen coincidencias en la vida. En ese desayuno no solo estaba ahí porque soy médico, no solo porque soy ginecólogo, y tengo el privilegio de ver todos los días uno de los procesos más bellos que existen como lo es el desarrollo y crecimiento de un nuevo ser vivo, de un nuevo ser humano, de un bebé.

Realmente ha sido una gran experiencia haber leído este libro. Estoy seguro de que a todos nosotros en diferentes formas nos hará reflexionar sobre nuestros comportamientos en muchas etapas de nuestra vida: recordaremos momentos que hemos reaccionado con ira, con miedo, culpa, soledad, vacío y nostalgia; nos daremos cuenta de que tal vez hay algo en nuestra vida que ha ocasionado este tipo de comportamientos y estoy seguro de que empezaremos a trabajar para sanar estas etapas de nuestra vida.

En este libro encontraremos consejos sobre lo que podemos hacer, e incluso ejercicios para sanar muchas de nuestras heridas que provocan reacciones y comportamientos que nos hacen daño.

Ahora quisiera ofrecerles una pequeña explicación del desarrollo de un nuevo ser. Es aquí que nos hacemos esta pregunta: ¿Cuándo inicia la vida? Quisiera platicarles desde un punto de vista médico este gran suceso: desde la vida fetal se empiezan a desarrollar las células sexuales, células que en el hombre más adelante darán origen a los espermatozoides y en la mujer darán origen a los óvulos. Estas células se quedan detenidas en su proceso de maduración hasta la pubertad donde debido a cambios hormonales inician nuevamente su crecimiento y maduración, con el fin que en algún momento se encuentre ese ovulo y ese espermatozoide y formen un nuevo ser.

En cada mes desde que la mujer inicia con sus periodos menstruales varios folículos del ovario empiezan a crecer, por un estímulo hormonal en un proceso denominado reclutamiento ovárico. Es así como en un ciclo regular de la mujer (de 28 días) en el día 14, por una elevación de la hormona luteinizante, se rompe uno de esos folículos que habían sido reclutados previamente, y se libera el óvulo, que llega a la trompa de Falopio, la cual se encuentra comunicada con el útero.

Hay una región de la trompa de Falopio donde se dan la mayoría de los embarazos, se llama ámpula. Ahí se da la fecundación, es decir, un solo espermatozoide llega al óvulo y se fusionan sus membranas uniéndose el pronúcleo masculino con el femenino dando origen a un nuevo ser vivo, el cigoto. Aquí el cigoto, que se encuentra todavía en la trompa de Falopio, se empieza a dividir en varias células que en conjunto toman la forma de una mora (mórula) y que sigue avanzando hacia el útero, donde desarrolla una pequeña cavidad llena de líquido y se convierte en blastocisto.

Alrededor del día 6 o 7 posterior a la fecundación, este nuevo ser vivo se implanta en la capa más interna del útero que se llama endometrio (decidua). En la segunda semana de vida, el blastocisto desarrolla una capa exterior que ayudará a alimentarse y a formar la placenta denominada trofoblasto, y una capa interna que desarrollará al nuevo ser, que tendrá latido cardiaco desde el día 21 a 23 de su crecimiento.

En cada semana del desarrollo van sucediendo cambios increíbles hasta que al final de los 9 meses (40 semanas) se da uno de los momentos más bellos e increíbles que podemos presenciar: el nacimiento de un bebé, de un ser humano.

¿Pero los gemelos cómo se originan? En el ovario hay folículos donde se desarrollan los óvulos. Cada folículo contiene un ovulo. En ocasiones cuando se da el reclutamiento y crecimiento de los folículos ováricos no solo se da la ruptura de uno, sino que puede haber más folículos que se rompan, por lo que al llegar a la trompa de Falopio, los espermatozoides se encuentran a dos óvulos para fecundar. Es así que surgen unos gemelos de dos óvulos diferentes (cada uno fecundado por un solo espermatozoide), que se denominan gemelos dicigóticos. Como provienen de óvulos diferentes, no son gemelos idénticos, la gente los llama cuates y pueden ser de sexos diferentes y son tan parecidos como cualquier hermano, solo con la cualidad de que nacen el mismo día.

Hay ocasiones en que solo hay un óvulo, pero que al ser fecundado y entrar en el periodo de mórula sufre una división temprana y de un solo cigoto se forman dos embriones (2 bebés) y son los gemelos idénticos que llamamos gemelos monocigóticos.

Aunque siempre ha habido embarazos con más de un bebé, ahora con las nuevas técnicas de reproducción asistida, se logra un mayor número de folículos que presentan ruptura y hay más probabilidades de tener embarazos gemelares. Estas técnicas son especialmente diseñadas para las parejas que cursan con infertilidad y que no han podido ser papás.

Algo que quisiera aclarar por dudas que me han comentado varias parejas, es que se piensa que los gemelos pueden surgir también porque un óvulo es fecundado por varios espermatozoides y que por eso se forman varios bebés. Esto no es así, puede haber varios óvulos fecundados cada uno por un solo espermatozoide (dicigóticos), o un óvulo fecundado por un solo espermatozoide, y ese cigoto en etapa temprana (mórula) sufre una división, originando gemelos monocigóticos (idénticos).

Para poder saber si se trata de un embarazo único, o de un embarazo gemelar utilizamos el ultrasonido como herramienta diagnóstica, pero lamentablemente aun con la tecnología que hoy se tiene, no podemos observar al bebé o a los bebés hasta alrededor de la cuarta semana.

Este fue un breve y simple resumen que me animo a platicarles con la intención de que sea más fácil y de mayor provecho la lectura del libro. Es probable que todavía puedan surgir algunas dudas con relación a la fecundación y al origen de los gemelos, los invito a que no se desesperen ya que en el capítulo llamado ¿QUE NOS SUCEDE AL ESTAR EN EL VIENTRE MATERNO? se dará una explicación.

Por último, no me queda más que felicitar a Chepina y a Laura, por tan bonita investigación, pero más que nada por su afán de seguir ayudando a las personas que tanto necesitamos buscar en nuestro interior, y en nuestro pasado, para sanar nuestra vida interior. Dios las Bendiga siempre y no duden de que su trabajo seguirá trasformando la vida de muchos de nosotros.

A tí amigo lector te invito a que no solo leas esta maravillosa investigación, sino que esa huella que estoy seguro dejará en tu corazón, trasforme tú actuar diario y tu comportamiento frente a los demás. Te invito a que juntos y a partir de hoy busquemos transformarnos en mejores seres humanos. Que esta sea la forma de agradecer a Chepina y a Laura, todo el tiempo y dedicación brindados a este trabajo, cuyo único objetivo es que cada uno de nosotros mejoremos nuestro vivir día tras día, no solo en nuestro interior sino también en nuestra relación con todos los que nos rodean.

Enhorabuena y que Dios los bendiga siempre.

Con un muy respetuoso saludo.

Erik González

INTRODUCCIÓN

Cuando se ha tenido la oportunidad de aprender cosas que parecen increíbles, pero que cambian nuestra vida y la de muchas personas, es de justicia compartirlas con los demás.

Hemos escrito esto para todos aquellos que quieren investigar más sobre lo que sucede durante la gestación y sobre todo para los que sobrevivieron después de que alguien que venía con ellos, murió en el vientre, aunque no se hayan dado cuenta. También para los que no han podido dar respuestas a interrogantes sobre su vida y a la manera de comportarse con ellos mismos, con los demás y que quieren mejorar sus relaciones interpersonales.

Pareciera que son pocos los sobrevivientes de un gemelo desaparecido o desvanecido, pero son más de los que imaginamos. Aunque nadie se haya dado cuenta de la existencia de ese gemelo, tal vez vivimos esta experiencia.

Los efectos de haber perdido a un gemelo en el vientre, van más allá de lo que pensamos. Hemos visto cómo afecta la vida actual de las personas, muy especialmente al relacionarse de una manera enfermiza, estar sumidos en la depresión y en la imposibilidad de formar una familia y vivir plenamente el presente.

En su libro "El futuro se decide antes de nacer", la doctora Claude Imbert dice que aporta pruebas diferentes a las que los investigadores están acostumbrados, igualmente, nosotros aportamos pruebas de centenares de personas que hemos acompañado durante el regreso a la memoria de su vida intrauterina, y que se han identificado con las consecuencias de haber perdido a un gemelo.

Esto lo hemos podido experimentar al acompañar a niños, jóvenes y adultos con la técnica del Enfoque Bioespiritual, basado en el método del Dr. Edwin M. McMahon y el Dr. Peter A. Campbell, y también gracias a las regresiones en terapia de Psicología Prenatal y Perinatal.

Personalmente, hemos podido vivir la experiencia de regresar a esas memorias y revivir la concepción, la gestación y el nacimiento.

Es fascinante encontrar lo que tenemos grabado en nuestro ser, aunque a veces sean memorias muy dolorosas, como en nuestro caso o el caso de muchos otros que hemos acompañado. Además, es muy revelador saber qué, desde los primeros días o meses de gestación, sucedieron cosas que dejaron una huella y esto puede llevar a la persona a vivir verdaderos dramas en la vida adulta, o a tener comportamientos "inadecuados" desde la niñez.

Aunque haya sido un solo día o un solo mes, si alguien más convivió en el vientre con nosotros, esta experiencia define muchas de nuestras conductas: la manera de vivir, el tipo de relación que establecemos, e inclusive el camino que a veces tomamos en la vida. Además, hay un sinnúmero de sentimientos que se guardan desde ese momento y cuando surgen durante la vida, la persona no alcanza a identificar desde donde vienen.

Proponemos a los investigadores que se den la oportunidad de contemplar de cerca todo lo que hemos visto, para que se siga indagando, aprendiendo más sobre el tema, y en especial para aliviar a las personas que han tenido un gemelo desaparecido desde el vientre.

Hace falta comprobar hipótesis en cosas tan importantes como la relación que pudiera existir entre la homosexualidad y haber perdido un gemelo del sexo opuesto en el vientre. Pensamos que este podría ser el inicio de una serie de descubrimientos.

En nuestra experiencia, hemos acompañado a personas que han descubierto la raíz de su confusión de identidad al encontrar un gemelo del sexo opuesto. Más adelante narramos algunos testimonios.

Invitamos a todos los que lean este libro, a que traten de adentrarse en el tema, pero sobre todo a que busquen en su interior, de manera abierta y honesta, si hay algo que toca sus emociones o si en algo se identifican conscientemente.

Durante más de diez años ofreciendo terapia, hemos encontrado que esa "memoria" grabada en nuestro ser, se manifiesta claramente cuando al "regresar" al vientre, se descubre la presencia de un gemelo que murió.

Hemos encontrado una y otra vez que las personas que sobrevivieron a la muerte de un gemelo, repiten durante su vida, la forma en que se relacionaban con él. Es como si se creara un patrón de comportamiento a partir de esa experiencia.

La terapia que hemos desarrollado para el descubrimiento y la sanación de los efectos provocados por la pérdida de un gemelo en el vientre materno, contiene diversas técnicas. Incluimos en este proceso el enfoque bioespiritual, desarrollado por el Dr. McMahon y el Dr. Ed. Campbell. El objetivo de esta terapia es prestar atención a los sentimientos y sensaciones de nuestro cuerpo, para que sean sanadas y transformadas por la gracia del Espíritu Santo. Utilizamos también la técnica de regresión a las etapas prenatales del Dr. William Emerson; la sanación a través de la oración y el descubrimiento de la verdad sobre las creencias falsas, en lo que hemos denominado "La Verdad en Jesús"

Independientemente del credo de cada persona, cada vez admiramos más las facultades del alma que Dios nos dio, pues "sabe, conoce y siente" lo que ocurrió a lo largo de nuestra vida intrauterina. A pesar del poco desarrollo mental en estas etapas tan tempranas, muchas personas han descubierto a ese hermano o hermanos que los acompañaron, pues nuestro ser también lleva grabados esos momentos en nuestra memoria celular.

Al escribir estas experiencias, deseamos que todos aquellos concebidos con un gemelo, puedan descubrirlo y así tener una vida más libre, con más amor a sí mismas, a los demás y que puedan disfrutar del infinito amor de Dios.

EL CASO DE SOFÍA

De inicio, queremos compartir con ustedes el valioso testimonio de alguien a quien llamaremos Sofía. Ella misma relata la experiencia de haber descubierto a un gemelo que falleció, las consecuencias en su vida y como fue trabajando para que sanaran:

"Empezaré a describir un poco acerca de mí. Soy una persona que siempre ha sido feliz entre fierros y trabajos de hombres. Estudié ingeniería industrial y me dediqué a reparar motores en diversas industrias, donde me desarrollé con mucho éxito y me volví autosuficiente. A pesar de conservar mi parte femenina, siempre andaba con mis botas de trabajo.

Crecí con la sensación de querer "empujar" a todos, por ejemplo, si mis hijos empezaban a bajar sus calificaciones yo los empujaba fuertemente para que mejoraran. No sabía la razón de esto, hasta después.

Tengo un hermano con el que siempre estuve muy apegada y también lo empujaba en cada cosa de su vida. Casi prefería morirme antes de que a él le pasara algo. Cuando él se fue a trabajar lejos, y me tuve que despedir, lloré por varios días como si ya no fuera a regresar. Lo mismo sucedía cada vez que me visitaba y se tenía que ir.

Cuando era niña, mi papá murió. A partir de ahí, inconscientemente empecé a quererme morir. No quería oír, comer, me enfermaba de muchas cosas.

A veces sentía que una sombra iba junto conmigo y pensaba que era mi papá. Me sentía protegida y acompañada, no me daba miedo. Pero un día, paseando por un lago, durante unos segundos vi a un niño igualito que yo. Era de mi edad. ¡Éramos igualitos!, como si fuera yo misma, la misma cara. Me pregunté: ¿por qué es de mi edad? Era como si hubiéramos crecido juntos. Ahí descubrí que no era mi papá. Esto me ocurrió en la secundaria. Me acostumbré a su presencia, nunca lo dije, pero lo disfrutaba.

De niña, era sonámbula, me levantaba a buscar a alguien. Algo me hacía levantarme e ir hacia algún lado a buscar. Cuando vi a ese niño igual a mí, en el paseo por el lago, pensé: ya lo encontré.

En la escuela, yo disfrutaba mucho la compañía de los hombres. No solamente me apegaba a ellos, sino que los empujaba para que salieran adelante en los estudios. Si alguno de ellos fracasaba, me culpaba como si yo fuera la responsable. De igual manera me pasaba con mis hijos y mi esposo.

Cuando veía en el camino una luz, y que los demás no podían verla, los empujaba. Todo el tiempo necesitaba avanzar, no me podía quedar en un solo lugar. Siempre estaba pendiente de que nadie se atorara.

De joven, tuve un novio y cuando terminamos fue un duelo muy fuerte. Duré cuatro años para recuperarme. Era mi primer novio, casi mi hermano. Me quedé como incapacitada para tener otra relación. Yo no quería tener otra relación así.

Cuando me casé, con cualquier pretexto o si algo no me gustaba de mi esposo, le exigía que lo arreglara y si no que se fuera. "Yo puedo vivir sola", decía.

No sabía por qué me sucedía todo esto en la vida, hasta que descubrí la raíz: perdí a un gemelo hombre en el vientre materno, justo a la hora del nacimiento. Yo tuve conocimiento de esta situación hasta que cumplí 24 años, cuando una tía me lo reveló y me llevó a la tumba donde habían enterrado a mi gemelo. Junto con mi hermano habían enterrado a dos gemelos que mi tía había perdido.

Me sorprendí mucho de saber la realidad, aunque en mi interior yo percibía la existencia de ese hermano.

En terapia, me di cuenta de que, a la hora de nacer, mi gemelo estaba atorado y yo lo empujé porque también me estaba muriendo. Cuando salimos él había fallecido y yo sobreviví, esto lo repetía en mis relaciones con los demás, de una manera inconsciente.

Al descubrir esto, pude entender muchas cosas que sucedían en mi vida: de ahí venía la culpa, empujar a los demás, miedo a que se murieran mis seres queridos, querer hacer el papel de hombre, el gusto por rodearme de varones, aferrarme a mi hermano que se fue a trabajar lejos, querer ser autosuficiente. ¡Fue un gran descubrimiento para mí!

También me di cuenta de que trataba a mi esposo como hermano, buscando a mi gemelo que perdí, sin embargo, ni yo encontraba a mi hermano en mi esposo, ni mi esposo encontraba a su esposa, que era yo. Había invertido los roles, por esa herida tan grande.

Cuando veía que las cosas o la gente se ponían muy

complicadas, yo me alejaba para estar nada más con Dios, quería irme con Él. Ahora trato de estar más en la tierra, de acercarme más a la gente, sobre todo a mis hijos.

Gracias a este proceso de sanación, mi vida ha cambiado. Ya sé que no tengo que empujar a mis hijos, ni cargarlos para que no se mueran, ahora puedo darles libertad para que tomen la responsabilidad de su propia vida; ya no me culpo por todo lo que sucede o por lo que les sucede a ellos; me sorprendo que no tengo que estar empujando a toda la gente.

Hace un tiempo, mi hermano tuvo un proceso de divorcio, y en otros momentos yo hubiera dejado todo por rescatarlo, ahora no es así. Ya no sufro cada vez que se va.

He dejado de ser autosuficiente para recibir el apoyo de mi esposo, a quien he podido respetar y darle su lugar como cabeza de la familia.

Ahora veo que Dios me otorgó muchos dones y gracias especiales a raíz de este proceso, pues encontré el sentido de mi existencia y ahora puedo avanzar sin perder mis valores y prioridades."

CUANDO ALGUIEN MUY CERCANO SE MUERE

Con el aumento en el uso de ultrasonido para detectar un embarazo en fase temprana, ahora sabemos que la gemelización es mucho más frecuente de lo que se suponía.

A medida que se fue haciendo más común el uso de la ecografía y esta es más sofisticada, los médicos empezaron a tener la desconcertante experiencia de ver dos gemelos durante el primer estudio de un embarazo, para encontrar uno solo en la siguiente revisión. ¿Qué había sucedido?

En 1980 en el Tercer Congreso Internacional de Estudios de los Gemelos en Jerusalén, se hizo esta pregunta y uno de los participantes respondió en voz alta: "Gemelos desvanecidos". Esto se refiere a un gemelo que tal vez vivió unos días, o unos meses en el vientre materno y murió, sin que nadie supiera la causa y a veces ni de su existencia.

En dos estudios diferentes se observó que la frecuencia de abortos gemelares es tres veces mayor que la frecuencia de sus nacimientos.

"La gente está descubriendo embarazos de gemelos del tamaño de un guisante. Están viendo muchos más gemelos de los que jamás pensaron que existieran".[1]

---

[1] Charles E. Boklage, genetista de la Facultad de Medicina de la Universidad de Carolina del Este.

Un día un joven me dijo (Josefina) que él siempre quería estar como en otro mundo, en otra dimensión, no le gustaban las cosas de la tierra. Después comentó que sentía algo en su espalda, una carga pegada muy fuerte. Sospeché que se trataba de un gemelo porque a veces las personas venían muy cerca, muy pegados uno del otro.

A través del Enfoque Bioespiritual (técnica para contactar la historia personal por medio de las memorias corporales), la persona va descubriendo memorias que muy frecuentemente son del tiempo de su gestación y en los casos donde existió un gemelo, lo perciben a través de una imagen que surge espontáneamente, como alguien que está en otra pequeña bolsa o como un hermano que viene acompañándolos en el camino a la implantación, durante ésta, o un poco después.

Tenemos una memoria celular tan increíble que, en menos de media hora, este joven se dio cuenta de que la sensación en su espalda era por la existencia de un gemelo.

EL LAZO CON EL GEMELO

Existe una relación muy cercana y como entrelazada entre los gemelos. Se han hecho estudios en Twinsburg, Ohio, donde se convoca cada año a una reunión de gemelos para estudiar sus características, y han encontrado similitudes impresionantes: gemelos que habían sido dados en adopción en diferentes partes del mundo, y que al reunirse encuentran cosas que se han repetido en sus vidas: el nombre de las esposas, los mismos gustos de comida, maneras de vestirse y peinarse.

Esto nos da una idea, que el lazo que une a un gemelo con otro es muy fuerte, capaz de traspasar fronteras.

En 1980 se publicó en la portada de varios diarios de Estados Unidos la historia de unos gemelos que se habían reencontrado después de 19 años, pero aún faltaba otro: un trillizo que se dio cuenta de ellos gracias a un amigo que le mostró el periódico. Esa noche se contactaron los tres y se dieron cuenta de que habían sido adoptados por diferentes familias, pero había mucha similitud como sus gustos por la comida, las mujeres y la escuela. Uno de ellos dijo llorando: ¡todo es igual!

El último trillizo, llamado David, desde muy pequeño decía *"tengo un hermano"*. Su mamá cuenta que lo consideraban como un hermano imaginario y se lo tomaban a broma.

Los investigadores de la Universidad de Minnesota, David T. Likken y Matt McGue encabezaron el estudio "Las fuentes de las diferencias psicológicas humanas: el estudio de Minnesota de gemelos criados por separado", en donde examinaron a mil 500 pares de gemelos del Registro de Gemelos de Minnesota.

Descubrieron que si un gemelo idéntico se había divorciado, había un 45% de posibilidades de que el otro también se divorciara. Lykken sugiere que los genes influyen en los índices de divorcio a través de las características de la personalidad que favorecen o dificultan la armonía matrimonial. Los gemelos idénticos tienden a tener la primera cita casi al mismo tiempo y salen con su pareja con la misma frecuencia. Inician su actividad sexual casi al mismo tiempo, y la intensidad de su deseo sexual así como sus disfunciones sexuales, tienden a ser muy similares. Se casan y tienen hijos casi en los mismos momentos de sus vidas (Wright).

Este "lazo" entre gemelos es muy importante, porque de ahí se derivan muchos comportamientos futuros en la persona que sobrevive después de la pérdida de un gemelo en el vientre. Como consecuencia de ello se genera confusión de identidad, culpas y creencias falsas, sensación de soledad y vacío, entre otras que desarrollamos más adelante.

La influencia de un gemelo a otro es tan fuerte como la describen los casos anteriores. Ahora imagine lo que sucedería al tener este nivel de cercanía, aunque sea por unos días, y después perder a esa persona tan especial.

Varias madres de familia nos refieren que sus hijos juegan todo el tiempo con alguien imaginario, hablan con él, piden que les pongan una silla, que le den comida o que no avance en el vehículo hasta que su amigo baje. Los niños tienen a esa "persona" identificada con un nombre o sobrenombre. Es una relación tan cercana que traspasa las barreras de lo corporal y se desarrolla a través del vínculo espiritual.

¿QUÉ NOS SUCEDE AL ESTAR EN EL VIENTRE MATERNO?

La vida de un ser humano inicia en la concepción. Esta se realiza cuando un espermatozoide, que es la célula masculina, fecunda a un óvulo u ovocito, que es la célula femenina. En esta fase, un diminuto ser humano comienza a existir en forma de "cigoto", este empieza a ser desplazado a través de las trompas de Falopio para llegar a la cavidad uterina.

En este recorrido el "cigoto" va sufriendo una serie de divisiones para convertirse en lo que se llama "mórula", formada por células idénticas.

Al caer en la cavidad uterina, este pequeño ser que ya se llama "blastocisto" tratará de buscar un lugar para vivir. En ese lugar comenzará a introducirse en el endometrio, capa que reviste la cavidad del útero y toma de él todos los nutrientes necesarios para subsistir. A este periodo se le llama implantación. Esta fase es sumamente crítica para la vida de un ser humano, pues aquí muchos pueden morir, sin que nadie se dé cuenta.

Esta es una explicación sencilla de lo que sucede de la concepción a la implantación. Es un proceso sumamente complejo y maravilloso, que se complica aún más cuando existen gemelos.

El Dr. William R. Emerson, dice que en el vientre hay más muertes que en cualquier guerra.

Es importante mencionar que el Dr. Emerson es psicoterapeuta prenatal y perinatal, doctor en filosofía, docente, escritor y dirigente en campo de la psicología del nacimiento. Ha sido designado miembro honorario por el Instituto Nacional de Salud Mental de los Estados Unidos por la excelencia de su erudición y sus contribuciones en el campo de la psicología. Durante más de treinta años ha sido pionero en los métodos de tratamiento para la cura de los traumas de nacimiento, en recién nacidos y niños pequeños. También en el tratamiento de adultos se le reconoce mundialmente por sus aportes.

La doctora francesa Claude Imbert, quien ha experimentado por muchos años sobre la vida intrauterina, dice:

> *"Es evidente que comparto la opinión sobre el carácter fundamental de los primeros años, pero además hago precisión suplementaria, fruto de mi investigación y de práctica diaria. Esta experiencia me permite afirmar que muchas de las personas que presentan malestares o enfermedades, encuentran la raíz de sus problemas en el periodo intrauterino... Estos nueve meses de gestación constituyen los fundamentos de la personalidad futura."*

La Dra. Claude Imbert es creadora de la terapia denominada "sofroanálisis", que incluye la "terapia de la vida intrauterina", la cual ayuda a personas adultas a explorar su memoria prenatal inconsciente. Es escritora de varios libros, entre ellos "Tu futuro se decide antes de nacer"

¿CÓMO SE FORMAN LOS GEMELOS?

Desde el momento de la concepción, pueden comenzar a formarse los gemelos, pues en ocasiones existe más de un óvulo listo para ser fecundado y *"son suficientes espermatozoides como para que se fecunden varios ovocitos"*, asegura la Dra. Dora Virginia Chávez Corral, Morfóloga con especialidad en Embriología y catedrática de la Universidad Autónoma de Chihuahua.

Los gemelos que se forman en esta fase se llaman "dicigotos o tricigotos, porque cada óvulo se une a un espermatozoide", comenta la Dra. Chávez. El cigoto es la denominación que recibe la primera célula que se forma después de la unión del espermatozoide y el óvulo.

Durante su camino por las trompas de Falopio, pueden formarse otro tipo de gemelos llamados "monocigotos", debido a que un solo cigoto se puede dividir en dos. *"Cuando estamos en estadio de mórula, son de 16 a 32 células y cada una de estas células es totipotencial, es decir, que tiene la capacidad de formar a un nuevo ser completo"*, explica la Catedrática de la UACH.

Estos gemelos, que provienen de un solo cigoto también se llaman gemelos idénticos y siempre son del mismo sexo. Por otro lado, los gemelos dicigotos o tricigotos, pueden ser de sexo distinto puesto que provienen de diferentes óvulos y espermatozoides.

En cualquiera de los dos casos, cuando los gemelos se han formado en la concepción o bien, durante el estadio de mórula o blastocisto, el destino final es el endometrio para tratar de implantarse. Puede ocurrir que en un solo embarazo, haya gemelos dicigotos y monocigotos.

En este periodo tan crítico ocurren diversas situaciones que llevan a estos pequeños seres a vivir o a morir.

Ese viaje pudo haberse realizado con uno o varios hermanos, que iban conviviendo. Hay un sinfín de posibilidades como número de personas. Algunos llegan juntos al endometrio, otros se pierden en el camino. Dependerá de la experiencia de cada quien. Este periodo es muy importante porque se repetirá durante toda su vida, como lo señalaremos en el capítulo "Patrones de comportamiento".

Hay personas que nos comentan que sienten a su gemelo demasiado cerca al momento de llegar al endometrio, o incluso dicen que está encima de ellos, o a un lado. La Dra. Chávez explica que esto es posible: *"Hay sustancias moleculares en el útero que los atraen para implantarse en el mismo lugar. Los gemelos monocigotos, cuando llegan al útero, uno puede implantarse en un lado y el otro, en otro lugar, o bien pueden implantarse juntos"*

Hay quienes toda su vida han experimentado una carga, y sienten que no se la pueden quitar. Esto puede deberse a que uno de sus gemelos estuvo encima de él. Cuando han trabajado esta parte, ya sea con enfoque bioespiritual, regresión al vientre materno o con oraciones especiales como las que sugerimos aquí, la carga desaparece.

Aquí también se expone la razón por la que muchos mueren en la cavidad uterina. Debido a que el blastocito también tiene un polo para implantarse, si se implanta del otro polo, muere: *"en un polo está el embrión, y se llama polo embrionario, y rodeando a todo el blastocisto está el trofoblasto, quien va a formar la placenta. Se tiene que implantar del polo del embrionario. Si se implanta de ese polo sobrevive, pero si se implanta de cualquier otro lado no sobrevive"*

En ocasiones las mujeres embarazadas tienen un leve sangrado, casi imperceptible, durante la primera semana, esto se debe a la implantación. La Catedrática comenta que cuando el blastocisto se implantó mal *"puede presentarse un abundante sangrado. El blastocisto es tan pequeño, que ni siquiera se ve, ya que mide micras. Yo como morfologa, tendría que buscar bajo el microscopio en todo ese sangrado, para encontrarlo, pero la mujer embarazada no alcanza a verlo. Ahí está el blastocisto, pero es muy pequeño"*.

Esto quiere decir que, en ese momento, se perdió uno o varios hermanos que nos habían acompañado.

Puede ocurrir que en una sola concepción se formen gemelos dicigotos y monocigotos. Así existirán gemelos idénticos y del mismo sexo, y otro u otros del sexo contrario, comentó la Morfóloga Chávez Corral.

A veces, los gemelos de diferente sexo son tan cercanos, que desde ahí puede comenzar la confusión de identidad.

Este proceso que puede durar alrededor de 7 días, definirá muchas cosas a lo largo de nuestra vida.

¿HABRÉ TENIDO UN GEMELO DESAPARECIDO?

De acuerdo con la presentación de un caso clínico de la sociedad de cirugía de México llamado "Feto papiraceo: complicación de un embarazo gemelar" publicado en 2005, "en la actualidad se estima que los embarazos múltiples son 12% de todas las concepciones espontáneas, pero sólo 14% de ellos llega a término; en algunos casos se pierde el embarazo entero, pero en muchos otros hay pérdida de un feto y el embarazo evoluciona satisfactoriamente, cuando se realiza un ultrasonido durante el primer trimestre de preñez se comprueba que se pierden de 21 a 63% de las concepciones gemelares espontáneas antes del segundo trimestre.

Estas estadísticas se basan en los ultrasonidos que se realizan a la cuarta semana de gestación. No sabemos de estudios realizados en los primeros días de gestación, donde hemos encontrado que muchos gemelos se pierden. Estamos seguras de que pronto, con el avance de la tecnología se podrán descubrir todos esos pequeños bebés que no se desarrollaron, pero que ya tenían un alma.

Como estos bebés concebidos eran tan pequeños, no se dieron cuenta de su existencia ni los papás ni los médicos.

Emerson también señala que a veces en el cuerpo de la persona se quedan células del gemelo, que en varios casos han sido removidos como quistes que contenían folículos pilosos, o sea cabello, células de huesos y otros materiales biológicos pertenecientes a un niño abortado espontáneamente.

Los quistes denominados teratomas, compuestos por trozos de pelo, dientes y huesos fetales, se han descubierto algunas veces en adultos y pueden ser células de un gemelo idéntico desvanecido. Se han encontrado fetos muertos dentro de niños vivos. Un feto de dos kilos fue encontrado en la autopsia de un hombre mayor (Wright).

Una jovencita que vino a mi (Josefina) buscando ayuda, muy deprimida, llegó vestida toda de negro, hasta las uñas pintadas de ese color, había una sensación de muerte en ella. La mamá me contó que le habían sacado un tumor cerca de la clavícula y los médicos se dieron cuenta de que ese tumor tenía células pilosas. La mamá contaba que su hija desde niña platicaba con un amigo imaginario y que a veces tenía tanta tristeza que se deprimía, pero no encontraban la causa de todo ello.

Cuando le pregunté a la joven lo que creía de esta situación, ella contesto con mucha seguridad: "era una hermana que venía conmigo desde el vientre, pero no logró sobrevivir".

La joven recibió terapia. Se le ayudó a contactar en su cuerpo las sensaciones que le revelaron cuál era la historia más profunda. Finalmente pudo llorar esa pérdida y escuchar el dolor que había quedado en su interior.

Después de un tiempo se veía diferente: empezó a convivir con sus compañeros, a recobrar vida, ahora podía comprender lo que le había pasado; dejó el color negro que traía por todo su cuerpo y aunque extrañaba a su hermana, ya no vivía sumergida en aquella depresión, ni tampoco pasaba el tiempo buscando inconscientemente a su gemela en las compañeras de la escuela, o en cualquier otra amiga.

Elizabeth Bryan, directora de la Fundación para Nacimientos

Múltiples de Londres, creó la Lone Twin Network, red de gemelos solos, para apoyar a los supervivientes a superar su dolor. Ella explica: *"He conocido a un número bastante elevado que había descubierto que su hermano gemelo había nacido muerto, es decir, que se enteraron de que eran gemelos, cuando eran adultos, en situaciones como antes de contraer matrimonio o cuando estaban esperando su primer hijo, y entonces de pronto su madre les dijo: "tu hermano gemelo murió y nunca te lo había dicho." Varias de ellas me dijeron que la noticia supuso un gran alivio. Por primera vez comprendían la pérdida que habían sentido durante toda su vida. Por supuesto, se podía argüir que su sentimiento de pérdida era comprensible."*

Bryan relata también haber visto a una serie de personas que dicen ser las supervivientes de los gemelos desvanecidos.

Elizabeth Noble, fundadora del Centro de Salud Infantil y Maternal de Cambridge Massachusetts, y autora de "Having Twins", se sometió a una terapia, y dice haber descubierto que su interés por los gemelos se debe a que ella es una gemela superviviente. "Hasta la fecha todavía mantengo una clara imagen del feto desaparecido y un sentimiento hacia él".

Esto lo hemos podido observar en muchas personas cuando ellas entran en su interior, con la técnica del Enfoque Bioespiritual: se van despertando sus memorias, y viene a su conciencia la imagen de su gemelo que los acompañaba, junto con el sentimiento doloroso de la pérdida. Muchos dicen que han tomado de la mano a su hermano, para que no se muera. Esto genera sentimientos de impotencia y de culpa muy grandes que perduran hasta la juventud o la edad adulta.

Una jovencita siempre tenía su mano derecha doblada como tratando de que no se le soltaran sus seres queridos y vino a ella el recuerdo de haber estado sosteniendo a su hermano para que no se saliera del vientre, hasta que ya no pudo más.

Siempre decía: *"he querido sostener a mis papás, a mi novio y a mi hermano para que no les pase nada en la vida, he vivido con mucho miedo."*

Desde que se dio cuenta de la existencia de su gemelo que murió en el vientre ha podido soltar más a sus familiares y a su novio.

Recuerdo también (Josefina) un niño de nueve años que en terapia sobre su gestación dijo muy espontáneamente cuando estaba en el vientre de su mamá: *"a esta señora ya se le salió un bebé"*. Se refería a su hermana que perdió en el vientre y de quien pudo decir inmediatamente su nombre. Comentó que la extrañaba y que por eso tenía una amiguita cercana en su escuela y no quería separarse de ella.

Así como este niño, hemos podido observar a muchos otros que descubren claramente la existencia de uno o varios gemelos, y en consecuencia tienen un amigo imaginario, o buscan la cercanía de un hermano o un amigo. Otras veces no se separan de una muñeca, quieren tener un animalito pegado a ellos, o duermen abrazados de una almohada. Cualquier pérdida en sus vidas es muy dolorosa, debido a la experiencia que tuvieron en el vientre materno.

A veces es tan evidente la presencia de ese gemelo que incluso otras personas, lo han llegado a ver.

Una joven que platicaba con su novio afuera de su casa, vio que su gemelo estaba asomándose por la ventana y el novio le dijo después de un tiempo: *"ahí está tu hermano viéndonos por la ventana"*, pero resulta que esa jovencita no tenía hermanos varones. Ella misma cuenta que un día fue a comer con sus papás y el mesero puso otro lugar diciendo que era para el joven que venía con ellos. *"Siempre tuve la corazonada de que alguien estaba junto a mi todo el tiempo, sobre todo en las noches, incluso sentía que respiraba muy cerca de mi"*, comentaba la joven.

En la terapia, hay personas que ven una burbuja que estaba con ellos, otros ven una bolsita, o una especie de globito que se va.

Una persona decía que lo abrazaba para que no se fuera, otras dicen que lo agarran de la mano para sostenerlo, y otras más tienen una sensación en la espalda como si lo hubieran cargado por algún tiempo.

Otras nos han contado que descubrieron a su gemelo al verlo como un feto. Lo describen como un pequeño que estaba ahí y en algunos días o meses de gestación ya no lo ven.

Otra mujer, despertando sus memorias corporales llegó al momento en que iba a nacer pero no quería salir, pues era como dejar su casa y con la sensación de que algo muy importante se quedaba adentro. Al pedirle que indagara más sobre lo que no quería dejar, vio una pequeña mano, y así descubrió que había tenido un gemelo que no había sobrevivido.

La muerte de los gemelos cada vez es más evidente, no sólo para los embriólogos, sino para muchas personas que lo están descubriendo.

¿DE VERDAD TENGO UN GEMELO DESAPARECIDO?

La mayoría de las ocasiones, aunque la persona identifique características de haber tenido un gemelo desaparecido se niega a aceptar la existencia de éste. Es muy común que al principio surjan dudas. A veces, al ir leyendo se pudo haber experimentado alguna sensación en el cuerpo, incluso hay personas que sienten el nombre del gemelo, y aun así permanece en una etapa de negación.

Esta es una etapa del proceso para ir aceptando una pérdida tan dolorosa, que racionalmente no se recuerda ni se entiende, pero que si se siente a nivel espiritual, emocional y corporal, esto último debido a nuestra memoria celular.

Al principio, se tiende a racionalizar, como una forma de protegerse y defenderse de ese dolor.

Es importante aceptar lo que nuestro cuerpo nos muestra y permitir el llanto espontáneo que aparece en muchas ocasiones, cuando el tema se ha tocado. Hemos visto que algunas personas, aunque no quieran aceptar esta pérdida, se van a casa y de pronto empiezan a llorar, sin saber por qué. A veces, creen que el motivo del llanto es otra cosa, por ejemplo: lloran mucho cuando ven una película, en algún funeral aunque no sea su pariente, con alguna mascota que murió o por el cambio de ciudad de algún familiar. Incluso la persona racionalmente se llega a preguntar ¿por qué estoy llorando tanto por esto?, sin embargo el llanto no se puede detener, es como si nuestro ser encontrara un pretexto para desahogar todo el dolor que no ha podido salir.

Si estos momentos de llanto espontaneo aparecen, recomendamos ponerles atención pues esto ayudará a conocerse más y a profundizar sobre el dolor que posiblemente inició por la pérdida de uno o varios gemelos desaparecidos.

Al ir leyendo esto, también pueden surgir sueños en los que el subconsciente habla. Algunas personas han comentado que durante el sueño aparece alguien que no conocen y que murió; gente que ven que se va; bebés que están juntos y de pronto uno desaparece; imágenes de fetos sin vida. Hay que estar muy atentos a estas manifestaciones del inconsciente.

Al descubrir la existencia de un gemelo ayuda mucho preguntarle a Dios cuál es su nombre. Al hacer silencio un momento, por lo general aparece de forma espontánea, ya sea de hombre o de mujer.

En muchas ocasiones, cuando el nombre aparece en el interior, la persona dice: *"ese nombre siempre me ha gustado"*, o *"he tenido un amigo muy cercano con ese nombre"* o *"es mi segundo nombre"*. Recordemos que Dios nos dice: "Antes de formarte en el seno de tu madre, ya te conocía…" (Jeremías 1, 5)

Ocurren diversas coincidencias cuando se pregunta el nombre del gemelo. Por ejemplo: una jovencita traía una camiseta con un nombre bordado en la parte izquierda; cuando se quedó en silencio para preguntar el nombre de su gemelo, apareció de manera espontánea el mismo nombre que estaba en su camiseta, y no se había dado cuenta, solo la había comprado hacía tiempo porque le gustó.

Otro joven contó que constantemente se enojaba con su mamá porque en lugar de decirle Carlos le decía Eduardo. Cuando descubrió que tenía un gemelo se dio cuenta que se llamaba precisamente Eduardo.

Hay personas que no logran tener claro el nombre, pero al reconocer la existencia de ese gemelo, aún sin saber su nombre, ya puede seguir trabajando su proceso.

En una reflexión, el padre Hampsch dice:

"Está claro que Dios sabe y ve cada aspecto de la criatura en el útero: "antes de formarte en el vientre te conocí" (Jeremías 1,5). Pero, él desea que nosotros le presentemos a esas personas, abortados, nacidos muertos, o embarazos malogrados. Tenemos que cumplir una misión asegurándonos la unión de estos niños con Dios de la manera más plena... "Dejen que los niños vengan a mí y no lo impidan, porque de los que son como ellos es el reino de Dios. (Lucas 18,16). Niños que han sido abortados, malogrados, nacidos muertos o que solo viven unas horas, generalmente no se les da nombre y en consecuencia pueden sentirse apartados de la sociedad. Al poner un nombre, eso tiene mucho que ver con la afinidad que se tenga con la familia propia y en general, con la familia humana. Es importante en el programa de sanación de la familia para no "entorpecerles" dar nombre a esos niños difuntos... El dejar de poner nombre a una criatura es una falta de respeto hacia su dignidad humana..."

Si te has identificado con algunas de las características que hemos señalado, pero aún no sabes si tienes o no un gemelo desaparecido, te sugerimos hacer la siguiente oración, dejando que el Espíritu Santo te guíe y te muestre la verdad. Recuerda que reconocer la verdad, te ayudará a sanar y a seguir trabajando tu proceso en los siguientes capítulos.

ORACIÓN PARA QUE DIOS REVELE SI HUBO UN GEMELO DESAPARECIDO

Consagra tu imaginación y tu cuerpo al Espíritu Santo, repitiendo las siguientes palabras, haciendo silencio o cerrando tus ojos en los momentos en que consideres oportuno:

Señor, tú lo sabes todo. Quiero pedirte que me lleves a ese momento de la concepción y del viaje a la implantación. Ahí donde yo era tan pequeño. Te pido que me muestres si alguien más me acompañaba. Si enviaste a uno o varios gemelos. Muéstrame Señor con una palabra, una sensación, una imagen, algo que me dé luz y claridad sobre esa parte de mi historia. Quiero saber si perdí un gemelo en ese momento, para sanar todas las secuelas que quedaron.

GUARDA UN MOMENTO DE SILENCIO PARA PERCIBIR LO QUE DIOS QUIERA MOSTRARTE.

Si sientes algo en tu cuerpo, al haber leído lo anterior, ponle atención. Quizá se te revele el nombre de alguien, alguna imagen o algo más sobre esa parte de tu historia. Ve si puedes estar de una manera respetuosa con lo que está surgiendo en tu interior.

Continúa: *Señor, ayúdame a saber que eso fue parte de mi historia, aunque nadie se haya dado cuenta de su presencia. Si es tu voluntad muéstrame el nombre de mi o mis gemelos. Ayúdame a creer que eres Tú el que me está mostrando esta verdad. Amén*

CARACTERÍSTICAS DEL SOBREVIVIENTE

Cuando hay pérdidas significativas en la vida, es necesario vivir un proceso de duelo. Imagine el dolor de perder a alguien tan cercano que incluso podríamos confundir con nosotros mismos, y además en un momento tan importante y con tanta vulnerabilidad como los primeros días o meses de gestación. Así es como sucede con las personas que han perdido un gemelo en el vientre.

Las marcas grabadas durante situaciones emocionales traumáticas antes del nacimiento persisten de manera indeleble y afectan a las células y sus funciones.

Cuando un gemelo en edad adulta muere, el sobreviviente quisiera morir también. Cuando sucede lo mismo pero en una etapa tan temprana, no solo quiere morir también sino que hay otras consecuencias importantes.

Muchas veces la persona tiene en su cuerpo una sensación de vacío, de soledad y tristeza aunque no la tenga bien identificada.

En las personas que han tenido gemelo, se establecen diferentes patrones de comportamiento: a veces buscando de manera inconsciente a su hermano perdido, debido a que lo extrañan o añoran estar con él.

Otras veces se han acostumbrado a una conducta de rivalidad con todos sus compañeros, o bien a alejar a las personas que sienten que los asedian. Esto sucede cuando lucharon con su gemelo en el vientre, o sentían que invadían su espacio.

Como leemos en la Biblia, en el Antiguo Testamento:

Isaac, oró al Señor por su mujer, porque era estéril. El Señor lo escuchó, y su mujer, Rebeca, quedó embarazada. Pero los niños se agitaban en su seno, y ella se dijo: "si es así, ¿qué va a ser de mí?". Y fue a consultar al Señor. El Señor le respondió:

"Dos naciones hay en tu seno;

Dos pueblos se dividen

Desde tus entrañas;

Uno será más fuerte que el otro,

y el mayor servirá al menor."

Cuando le llegó la hora del parto, resultó que eran mellizos. Salió el primero, rojizo y enteramente velludo como una piel de vestir, y le pusieron el nombre de Esaú. Después salió su hermano, agarrando con la mano el talón de Esaú, y lo llamaron Jacob. (Gen. 25, 21-26)

Esta rivalidad siguió hasta la edad adulta, tanto así que Esaú, dice la Sagrada Escritura, odió a su hermano Jacob. Así puede ocurrir con los gemelos desaparecidos y los sobrevivientes. La relación que Esaú y Jacob tuvieron en el vientre perduro toda su vida.

Lo que la persona haya vivido en esos momentos es determinante para su futuro.

Por ejemplo, una jovencita tenía un cuate, se veía siempre triste y enojada con él. La mamá percibió esta situación y la llevó conmigo (Josefina) porque quería ayudarla. En terapia, la joven se dio cuenta de que el enojo con su hermano lo tenía desde el vientre materno, a donde llegó con dos hermanos: uno de ellos falleció y el otro nació con ella. Tenía la sensación de que el cuate que sobrevivió era el culpable de la muerte del tercer gemelo, y además se sentía muy molesta de que invadiera su espacio. Desde ahí, guardaba enojo con el hermano que sobrevivió. Antes de esto no se había percatado del origen de sus pleitos constantes.

En este caso, la concepción había tenido que ser asistida con inseminación artificial y por eso fueron concebidos tres, pero solamente dos lograron sobrevivir.

Hay muchas consecuencias en la vida de las personas por el hecho de haber tenido un gemelo que murió, pero también por la forma en que se relacionaron uno con el otro desde el primer momento.

En los siguientes capítulos describimos algunas de las características que hemos visto con más frecuencia, además de lo dicho con anterioridad.

SENTIMIENTOS Y SENSACIONES

El ser humano experimenta sentimientos en todo momento, incluso en las etapas más primitivas de la vida. Cuando una persona pierde a alguien, surgen diversas emociones. Esto sucede también con la pérdida de un gemelo en el vientre.

En el cuerpo se quedan grabados los sentimientos desde la concepción, debido a la memoria celular. En ese momento, el ser humano no tiene manera de procesar intelectualmente lo que está sintiendo, pero todo queda grabado en las células.

El. Dr. Carlos Alberto Jiménez, Magister en comunicación educativa de la Universidad Tecnológica de Pereira en Colombia, químico, escritor e investigador de procesos pedagógicos alternativos y especialista en neuropedagogía, explica la forma en la que el cuerpo aprende no solo desde el cerebro. Así lo narra en el Artículo "Cerebro creativo y lúdico":

"Las experiencias creativas y lúdicas del ser humano se inician desde el ambiente intrauterino, específicamente cuando el "niño intrauterino" juega con el cordón umbilical, con sus manos, con el ritmo de su cuerpo, cuando patalea al unísono con la voz de la madre, y especialmente, cuando se ríe en forma espontánea dentro del vientre materno.

De esta forma natural se encuentra en capacidad de captar, almacenar, procesar, y memorizar información de su medio interno como los sonidos del corazón de la madre, los sonidos peristálticos, del flujo sanguíneo, de los pulmones y del movimiento del líquido amniótico. También otros sonidos como los del medio externo son fundamentales para su desarrollo cognitivo, especialmente aquellos que tiene que ver con la voz de la madre cuando esta le habla o le susurra canciones de cuna.

Lo cognitivo desde esta perspectiva se encuentra ligado a la vida celular y al intercambio de moléculas de la emoción, que inundan al ser humano desde las primeras fases embrionarias. De hecho, una simple célula como los linfocitos, se encuentra en capacidad de ser creativa según la Neurociencia.

Para la Inmunología, los linfocitos tienen la capacidad de aprender muchas cosas ya que al almacenar información a nivel celular pueden elaborar programas y sintetizar citoquinas y hormonas que controlan el funcionamiento de otras células. De esta forma fascinante una simple célula tiene la capacidad de reconocer agentes patológicos externos (virus, bacterias, hongos, etc.), que entran al organismo (memorizan), tienen también la capacidad de enseñar a las células vecinas esta fase, para poder iniciar en forma creativa y cooperativa un proceso de control de la enfermedad. Básicamente los linfocitos, pueden percibir, memorizar, aprender, enseñar y crear; en pocas palabras actúa en forma inteligente como un pequeño cerebro circulante que viaja por el torrente sanguíneo, gracias a los fluidos producidos por las glándulas linfáticas. Para Fritjof Capra: "El cerebro no es en absoluto la única estructura involucrada en el proceso de cognición. En el organismo humano, al igual que en el de todos los vertebrados, el sistema inmunológico, está siendo reconocido, cada vez más como una red tan compleja e interconectada como el sistema nervioso"(1999:288). De igual forma, para Francisco Varela es necesario comprender el sistema nervioso e inmunológico como dos sistemas cognitivos de carácter interactivo, es decir, como dos cerebros en constante diálogo. Recordemos que tanto para este autor como para Bateson, la cognición es un proceso ligado a la vida y no un procesamiento de información o manejo de símbolos a partir de reglas como muchas teorías lo plantean actualmente. Es así como la actividad mental es inmanente a la vida misma, lo que hace que todo ser vivo sea cognitivo.

También es necesario precisar que la creatividad y el mundo de las emociones humanas tienen una estrecha relación con el mundo de la lúdica y del juego. No obstante, cabe destacar que las emociones no solo son impulsos, sino que se encuentran diseñadas para reforzar químicamente la memoria a largo plazo. Desde este enfoque, el aprendizaje puede considerarse como un proceso cultural y bioquímico, en el que diminutas células cerebrales (neuronas), elaboran nuevas conexiones entre sí (sinapsis), alterando de esta forma al ser humano a nivel biológico y síquico.

Lo anterior se debe a que nuestros procesos mentales (pensamientos, emociones), se transforman en moléculas, es decir, todos los procesos cognitivos, inclusive, los psíquicos, se convierten en sustancias orgánicas que viajan por el sistema nervioso (neurotransmisores), por el sistema endocrino (neurohormonas) y por el sistema inmunológico (neuropéptidos). De esta manera se origina un proceso de autorregulación o de equilibrio homeostático, el cual, si es perturbado por una problemática de orden mental – psíquica o un proceso de estimulación de carácter negativo y reiterativo, se origina la enfermedad o el problema de aprendizaje."

El Dr. Carlos Jiménez, quien ha sido miembro del grupo de Neurociencias de Risaralda (Facultad de Medicina UTP) y autor de más de 20 libros, explica la importancia de comprender los procesos intrauterinos, incluso desde el ámbito social:

"Por consiguiente, es fundamental comprender todos los aspectos biológicos, psicológicos y sociales que vive el niño desde su ambiente intrauterino para poder desarrollar estrategias didácticas y lúdicas pertinentes, que permitan un desarrollo apropiado de la integralidad humana. Enseñar a un niño pequeño es de por sí un arte y una ciencia, enseñar a una madre parturienta, y a su padre, a desarrollar ambientes lúdicos de aprendizaje que favorezcan el desarrollo moral, ético e intelectual de su bebé, es todavía mucho más complejo. De hecho, los padres, al igual que los maestros, podrán leer muchos libros sobre estas temáticas; pero, si no se logran comprender todos los entramados complejos de orden biológico, psíquico, neurológico, neuropedagógico y social que viven los niños en el ambiente intrauterino, en el contexto familiar y escolar, es muy difícil solucionar la problemática de orden educativo, la violencia intrafamiliar, la violencia social, el consumo de drogas, el suicidio y muchos problemas de origen mental que viven nuestros

países en vía de desarrollo."

Aunque la persona haya pasado solo unos instantes con su gemelo, ese momento es muy importante en su historia. Podemos hablar de que es quizá, la primera relación que un hombre tiene al estar en la tierra.

Por eso es fundamental que la persona reconozca los sentimientos que quedaron guardados en su interior con la pérdida del gemelo o gemelos.

Cuando los sentimientos no se han procesado, hay consecuencias en etapas posteriores. Por ejemplo: había una niña de 8 años que sentía mucho enojo cada vez que una amiga se alejaba de ella. En terapia, descubrió que había perdido dos gemelos cuando llegó a implantarse al vientre materno, una niña y un niño. Al re experimentar esta pérdida, expresó mucha tristeza, y posteriormente mucho enojo. Empezó a golpear un cojín y a reclamarle a sus hermanos porque la habían dejado sola. Ella tenía expresiones como "me dejaron cuando más los necesitaba", "ni siquiera se despidieron de mí". En ese momento, sus memorias comenzaron a despertarse. Aunque racionalmente no tenía una explicación, su memoria celular le explicó el origen de su enojo, una y otra vez repetido en su vida.

A continuación presentamos y detallamos los sentimientos más comunes derivados de esta perdida, y las consecuencias que hemos encontrado en la vida de las personas. Hay que aclarar que esto no ocurre en todas las personas ni en todas las ocasiones:

Sentimientos y sensaciones	Consecuencias
Tristeza	No tener ganas de vivir; desanimo, depresión.
Culpa	Vivir con creencias como: "nadie quiere estar conmigo", "soy malo", "no merezco".
Enojo	Vivir rechazando o agrediendo a otros o a sí mismo. Sentirse autosuficiente.
Miedo	No querer entablar relaciones; tener relaciones codependientes. Vivir angustiado por miedo a perder a alguien.
Soledad	Permitir abusos o abusar de otros, para no estar solo.
Vacío	Caer en adicciones.
Nostalgia de Dios	Querer morirse o estar en el cielo. Vivir en la fantasía o en otro mundo. Estar buscando a alguien inconscientemente.

Tristeza

La tristeza que algunas personas experimentan por la pérdida de su gemelo los puede llevar a no tener ganas de vivir, al desánimo y a la depresión. Esto es lo que hemos observado al atender a personas en terapia.

Una persona a quien llamaremos Fely, platicaba de la tristeza que había experimentado toda su vida, sin conocer la raíz. Decía que era *"una tristeza muy profunda desde niña. Volteaba al cielo con un anhelo de irme, lloraba frecuentemente, muy sola"*

Incluso, al trabajar su nacimiento, Fely descubrió que traía el cordón enredado. El Dr. Emerson afirma que, en muchas ocasiones, traer el cordón enredado al nacer, es un síntoma de querer morirse y no salir a la vida. Cuando Fely experimentó la pérdida de su gemelo, se dio cuenta de la raíz de esa tristeza, que también sintió al nacer. La tristeza estaba ahí desde que su gemelo había muerto, y es que a veces las personas descubren que no quieren nacer porque sienten que alguien más se quedó adentro.

Fely trabajó su proceso de duelo, entregó su gemelo a Dios y atendió los sentimientos de la pérdida, en especial la tristeza Ella reconoció en que parte de su cuerpo se había quedado ese sentimiento y sin quererlo quitar o rechazar, aceptó todo lo que sentía.

Después de esto, hubo cambios significativos en su vida. Nos cuenta lo siguiente:

"Ya no siento la tristeza profunda que tenía, ya no siento el anhelo de irme, esa añoranza. Antes estaba muy triste, ahora es menos tristeza, disfruto más la vida. Con mi esposo ya no siento

esa necesidad de estar apegada, de rescatarlo, antes sentía como si él se fuera a morir, ahora me relaciono diferente con él, como hombre, no como hermanito."

Algunas frases que nos han expresado las personas que han experimentado una tristeza como ésta, son las siguientes:

"para que estoy aquí si no valgo nada"

"me sienten como carga"

"no le encuentro sentido a vivir, ¿porque nacer, crecer?"

"no encuentro un motivo para el día a día"

"de niña solo quería estar en mi cuarto y con mis papás"

"me quise morir, pensé en ahorcarme"

En muchas ocasiones, las personas expresan sus sentimientos y su pérdida a través de la música. Una persona que tenía dos gemelos desaparecidos, comentaba que de niña siempre le gustaban canciones tristes y de nostalgia, pero no sabía por qué hasta que descubrió a sus gemelos. Cantaba canciones como "el triste" o "el jinete". Si usted recuerda, la canción de "El triste" que interpreta José José dice así:

Qué triste fue decirnos adiós

Cuando nos adorábamos más

Hasta la golondrina emigró

Presagiando el final.

La canción de El Jinete, dice así:

Por la lejana montaña

Va cabalgando un jinete

Vaga solito en el mundo

Y va deseando la muerte

Lleva en su pecho una herida

Va con su alma destrozada

Quisiera perder la vida

Y reunirse con su amada

La quería más que a su vida

Y la perdió para siempre

Por eso lleva una herida

Por eso busca la muerte

Son frases y acordes que expresan el dolor profundo de una pérdida. La persona trabajó con sus gemelos desvanecidos y ahora no son las canciones que más le gustan, sabe que ya no tiene que buscar a sus gemelos en otro lado, pues viven con Dios y la acompañan. Al descubrir a sus gemelos encontró la explicación de esa tristeza y nostalgia de Dios que tenía desde pequeña.

Al asumir nuestra tristeza y presentársela a Jesús, el Espíritu Santo hace una transformación, pues nos dice: *"Yo cambiaré tu tristeza en alegría"* (Juan 16, 20).

Jesús nos expresa en Mateo 11, 28: *"Vengan a mí los que están cansados y agobiados y yo los aliviaré"*. También nos dice en las bienaventuranzas: *"felices los que lloran porque serán consolados"*.

Santa Margarita María de Alacoque dice en uno de sus escritos sobre Sagrado Corazón de Jesús: *"Este divino Corazón es un abismo de todo bien, donde los pobres deben abismar sus necesidades; un abismo de alegría, donde debemos abismar todas nuestras tristezas; un abismo de humillación para nuestro orgullo; un abismo de misericordia, un abismo de AMOR, donde tenemos que abismar todas nuestras miserias"*.

Culpa

El sentimiento de culpa es uno de los que más afectan la vida de alguien que ha perdido un gemelo. La persona rechaza inconscientemente las cosas buenas que hay para ella, no se cree digna, se culpa de cosas que no le corresponden.

A veces la culpa es tan grande, que quieren hacer todo de manera perfecta, para que nunca les reclamen, y cuando alguien les hace ver algún error, es difícil que lo reconozcan, en lugar de eso buscan culpables.

Quienes han vivido un proceso de sanación de la pérdida de su gemelo, nos han referido frases y creencias como las siguientes:

"me cuesta creer que soy digna de vivir"

"no merezco vivir"

"yo no merezco"

"necesito que me reafirmen que soy digna"

"yo no, mejor otro"

"no es posible que sea para mí, ¿cómo tanta suerte?"

"siento que hago daño y me duele, no quiero hacerle daño a nadie, lo siento cuando se alejan de mi"

"sentía que nadie me quería"

"me siento como si fuera atrás en la vida, ganándome el lugar"

"hacer para merecer"

"para no perderlos, yo hago, yo voy, etc."

"siento culpa por estar vivo yo, y no ellos"

"permitía abusos de mis hermanos"

"cuando alguien está cerca, me hago la pregunta: ¿por qué quiere estar conmigo?"

"cuando no siento la culpa, hago algo para sentirla"

"no merezco y nadie quiere estar conmigo"

"me siento culpable de que otros no tengan lo que yo tengo"

Sobre este sentimiento hay mucho más que explorar, por eso ampliamos y describimos más sobre ello, en el capítulo "Culpa del sobreviviente".

Enojo

En las pérdidas el enojo es como una bomba a punto de explotar en nuestro interior, y esa bomba puede detonarse en contra nuestra, en contra de los otros y a veces en contra de Dios.

Dios comprende muy bien nuestro enojo, para El no es un motivo de castigo, como muchos piensan. Jesús también tuvo enojo cuando encontró a los mercaderes en el templo y los ahuyentó. Admitir nuestros sentimientos, en lugar de rechazarlos, nos asemeja más a Jesús. Es muy importante saber que podemos aceptar nuestro enojo, porque los sentimientos no tienen moralidad, lo que puede ser bueno o malo es lo que hacemos con esos sentimientos.

Cuando no se ha reconocido un enojo puede manifestarse con depresión, con enfermedades o con momentos explosivos. También se presenta de una manera pasiva, por ejemplo: utilizando sarcasmo, criticando a otros, con envidia, celos, etc.

Una niña que necesitaba terapia con urgencia, llegó a nosotros porque sus maestros querían enviarla con un psiquiatra. La mamá de esta niña había estado tratando de embarazarse durante ocho años. Para ayudar a la fecundación tomó un producto natural y logró el embarazo pero no se percató de que había fecundado a cuatro seres, de los cuales solo nació la niña de la que hablamos. Era una pequeña que se aferraba a los niños de una manera compulsiva. Hasta en el consultorio le era difícil separarse de los niños que llegaban y le daba mucho enojo que se fueran o no le hicieran caso.

En el trabajo de terapia, con un dibujo, ella describió fielmente lo que había sucedido en el vientre: hizo en la hoja tres flores, una era más grande que las demás, las otras dos eran del mismo tamaño, a cada una le puso un nombre. La primera era más grande porque había vivido más tiempo con ella en el vientre. Con esas tres flores se refería a sus tres gemelos. Además cuando hizo la regresión al vientre, de inmediato tomo tres muñecos para que estuvieran con ella. Estaba representando a sus dos hermanos varones y a una hermana. Dijo que primero se fueron dos: un hombre y una mujer, y tiempo después, se fue el otro hermano.

La mamá nos confirmó este dato. Dijo que durante el embarazo había tenido un sangrado al mes, (donde se fueron los primeros dos gemelos), y otro a los tres meses, (donde se fue el varón).

El enojo constante de la niña y las difíciles relaciones que establecía con los demás niños hicieron que la madre buscara ayuda, pues no sabía la causa de estos conflictos.

Cuando trabajó esto, la niña mejoró sus relaciones, dejo de pelear y no fue necesario llevarla al psiquiatra.

Otras personas reaccionan de una forma diferente al enojo. Cuando alguien se va empiezan a vivir como si no necesitaran a nadie. Es como si dijeran: *"te fuiste y no me importa, yo puedo solo"*. Y después, al quedarse solos, empiezan a realizar sus actividades con mucho enojo. Otros se cansan de los demás, se enojan, y dejan a las personas.

Del enojo surgen expresiones como:

- *"me quieren tener a su disposición"*,
- *"tengo que soltar lo que me incomoda y ya"*,
- *"¿Por qué me mandan con esta carga?"*,
- *"no me importa que se vayan, yo puedo sola"*,
- *"ni siquiera quiero saber tu nombre"*

- *"tengo enojo porque me dejaron con esta carga, que no ven que no puedo"*
- *"me dejaste sola y no me ayudaste"*
- *"me quieren tener a su disposición y hacer conmigo su mamá de niños",*
- *"vivo resignada, no me gusta pero tengo que aguantar"*
- *"se fue y no me importa"*

Una persona que atendió la pérdida de su gemelo, entendió de dónde venía gran parte del enojo que había experimentado a lo largo de su vida. Cuando trabajó esto se dio cuenta de que estaba enojada por cargar a su gemelo, y así se enojaba cuando sentía que alguien era una carga para ella, o cuando su mamá le pedía que cuidara a las hermanas. También se enojó porque su gemelo no le ayudó y la dejó sola. Este enojo también surgía cuando no sentía la ayuda de su pareja.

Miedo

El miedo avisa que hay algún peligro, sin embargo cuando las raíces son muy profundas puede llevar a paralizarse o a crear fantasmas que no existen. Tal es el caso de los que han sufrido la muerte de un gemelo en el vientre.

Al experimentar la pérdida de su gemelo puede surgir el miedo a la soledad, a morirse, a que alguien se muera, a ser abandonado, entre otros. Además de esto, existe la posibilidad de que el sobreviviente lleve un miedo asumido de su mamá, que se pasa a través del cordón umbilical. Si la mamá tuvo un sangrado o una pérdida de líquido, el miedo a perder al bebé es absorbido por el sobreviviente. Así, el bebé en lugar de vivir con miedo, puede vivir con pánico ante ciertas situaciones. Esto sucede hasta la edad adulta o la vejez, cuando no se ha hecho conciencia o sanado esa historia.

En muchas ocasiones, los médicos le explican a las mamás que traían "un bebé de agua". Este es otro indicio de que existió un gemelo. Así le pasó a un niño que llegó con nosotros para pedir ayuda, pues todos los días en la madrugada se despertaba con mucho miedo.

La mamá nos platicó que cuando ella tenía 5 meses de embarazo se le reventó la fuente, a la misma hora en la que el niño siempre se despertaba. Ella tuvo mucho miedo de perder al bebé, pero después le explicaron que lo que se salió, era otra bolsa de agua. Ella vio que junto con la bolsa, había algo que no tenía una forma definida, pues este bebé, que a veces le llaman de agua, no se había alcanzado a formar.

Durante la terapia, el niño sobreviviente descubrió la existencia de su gemelo y pudo llorar su pérdida. También regresó a su mamá todo el miedo que ella había experimentado cuando se reventó la fuente del otro bebé.

Hemos visto que los miedos que se derivan de la pérdida de un gemelo son los siguientes:

- Miedo a entablar relaciones
- Miedo al compromiso, porque viven con la creencia: "si de todos modos se van"
- Miedo a que les pase algo a los hijos
- Miedo a la soledad
- Miedo a que se enojen con ellos
- Miedo a tener novio o esposo

- Miedo a que se vayan
- Miedo a que los dejen
- Miedo a que las personas amadas se mueran

Incluso, algunas personas experimentan un miedo constante sin saber a qué. Aquí el miedo surge del recuerdo de las memorias celulares, de lo que pasó. Aunque no haya un peligro inminente la persona vive con ese miedo. Esto es distinto a tener miedo ante una situación de peligro, que a veces nos ayuda a protegernos. En la pérdida del gemelo o los gemelos pueden encontrarse muchas raíces de este miedo irracional.

Algunas frases que nos han referido sobre el miedo son:

- *"tengo miedo de que algo malo va a pasar"*
- *"tengo angustia por todo y por nada"*
- *"quisiera tener el poder de salvar"*
- *"tengo miedo a no encontrar a una pareja"*
- *"no deseo comprometerme por el miedo, al cabo se van a ir"*
- *"tengo necesidad de rescatar para protegerlos"*
- *"cuando se fue mi esposo de la casa, creí que no iba a poder vivir sin él"*

Como consecuencia de estos miedos, se empiezan a entablar relaciones codependientes. Se hacen diversas cosas como: tratar de controlar a los seres queridos para que no les pase nada, permitir abusos para que no los dejen, rescatar a una o a varias personas para que no sufran, perder autonomía con tal de que no se vayan.

Otras personas reaccionan fuertemente porque tienen miedo. Hay hombres que se manifiestan violentos o enojados, pero en realidad están asustados y temerosos.

El Señor nos dice en la Sagrada Escritura: "Donde hay amor, no hay temor". Al asumir ese miedo en nuestro cuerpo, el Espíritu de Dios lo transforma en Amor, nos llena de paz y de seguridad.

Soledad

Con la pérdida de un gemelo, se queda en el cuerpo una sensación de soledad, que muchas veces se experimenta en el pecho o en la parte del cuerpo donde se tenía contacto con el gemelo.

Esto puede llevar a la persona a entablar relaciones enfermizas con tal de no re experimentar esa sensación.

Así le ocurrió a Melina en una sesión de terapia donde descubrió la pérdida de sus tres gemelos: Cuando tuvo la sensación de que se iban a ir, inmediatamente dijo "no me quiero quedar sola". En su vida, ha tratado de llenar esta soledad buscando todo el tiempo alguien que la acompañe, o bien comiendo. Ella nos cuenta lo siguiente:

"Cuando se fueron mis hijos, me enfermé. El doctor me dijo que era puro estrés. Cuando se murió mi marido, no era capaz ni de subir los brazos a la mesa para comer. Cada día iba a la Eucaristía y le decía a Jesús: solo por hoy sostenme. Era como una plancha que me aplastaba en el corazón."

Como ya hemos comentado, hay que ponerle atención a lo que es real en nuestro cuerpo, es importante validar esa sensación de soledad. Después de haber acompañado esto, hay que escuchar lo que Jesús nos dice en Mateo 28, 20: "... *y estén seguros que yo estaré con ustedes día tras día hasta el fin del mundo."*

Vacío

Al experimentar la pérdida de un gemelo, frecuentemente se siente un gran vacío, que la persona, muchas veces, trata de llenar con adicciones de muchos tipos, por ejemplo a sustancias, comida, relaciones. Algunas personas expresan: *"Siento un vacío interior, no se llena con nada", "siempre siento un hueco en mi pecho"*

Para tratar de aminorar esa sensación, nos han comentado algunas de las evasiones como éstas:

- *"Soy adicta a la tele y al trabajo"*
- *"Siempre agarro algo de muleta"*
- *"Siempre estoy haciendo cosas y comiendo"*
- *"Lo trataba de llenar con alcohol, tabaco, comida, televisión"*

Una persona nos decía: *"fumo y en el carro manejando más."* Esto puede estar muy relacionado con el camino hacia la implantación, pues ahí se va en movimiento. Probablemente fue en ese trayecto donde su gemelo murió.

Nostalgia de Dios

Es un deseo muy grande de estar con Dios, de la misma forma en la que están los gemelos que se perdieron. Es algo inconsciente pero se manifiesta de diferentes maneras. La persona vive anhelando estar en otro lugar. También busca historias de fantasía y acudir a lugares que lo transporten como a "otra dimensión". Nada en el mundo le llena ni le satisface.

Otras veces cuando hay dificultades, tiene la sensación de quererse morir para descansar y estar en un lugar mejor.

Llama la atención la historia del artista Michael Jackson. Si lo analizamos, podemos encontrar que tenía todas las características de haber perdido una gemela en el vientre, pues incluso construyó la "tierra del nunca jamás", como expresando el anhelo de vivir en otro mundo, en un lugar de fantasía.

"Me gustan las historias con mundos fantaseosos", decía una de las mujeres que trabajó la pérdida de su gemelo, al hablar sobre la nostalgia de Dios que ha sentido durante su vida.

La nostalgia de Dios, en realidad se puede ver como un don que El mismo nos ha regalado para buscarlo. Sin embargo, cuando no se le conoce, la persona puede perderse en la desesperanza y la depresión. Cuando esa nostalgia se utiliza para encontrar a Dios, las ansias de estar en otro lado, se sacian. La presencia divina transforma todo. ¿Cómo llegar a esa presencia de Dios aquí en la tierra? A través de la oración, pues ahí se experimenta el cielo en la tierra, todo queda en paz. La persona queda envuelta en el amor y conoce que Dios no está lejos, sino en su interior, buscando llenarlo de plenitud y felicidad.

Hay diversos cursos, libros e información sobre la oración a los que se puede recurrir para ejercitarse en este arte de comunicarse con Dios. Él quiere estar con nosotros. Nosotros los católicos sabemos que podemos acudir a Jesús Eucaristía en cualquier momento, especialmente aquellos más difíciles que están llenos de tristeza y desanimo. Podemos acudir a misa, o también a visitarlo en el tabernáculo donde se encuentra en cada templo. Un tiempo en Su Presencia puede cambiar nuestro estado de ánimo y nuestro sentido de vida.

¿QUÉ HAGO CON TODOS ESTOS SENTIMIENTOS?

Hemos estado hablando sobre diferentes sentimientos, y quizá nos preguntemos ¿qué puedo hacer con ellos ahora que los reconozco?

Peter A. Campbell y Edwin McMahon proponen la técnica del enfoque bioespiritual, que es un método sencillo para ponerle atención a nuestros sentimientos y permitir que Dios los transforme.

Ellos dicen que: *"el primer paso hacia el desarrollo de un hábito nuevo en tu cuerpo para atender tus sentimientos es darte cuenta que los tienes. La mayoría de las personas ni siquiera sabe cuándo surgen sentimientos, porque generalmente están muy preocupados por sus reacciones inmediatas hacia ellos, especialmente cuando la situación que los genera implica sentimientos difíciles como miedo o soledad."*

Los sentimientos nos ayudan a detectar nuestras necesidades básicas, nuestras carencias. El Catecismo de la Iglesia Católica nos explica que las emociones no son ni buenas ni malas, son como una señal que nos avisa que algo está ocurriendo en nuestro interior.

Cuando no sabemos qué hacer con estos sentimientos y los guardamos pueden suceder tres cosas: explotamos, nos deprimimos o nos enfermamos.

Por eso hay que aprender a manejar y trabajar con los sentimientos que quedaron en nosotros por la pérdida de un gemelo. Hay tres cosas que podemos hacer:

- **Escribirlos**. Nos permite, no solamente desahogarnos de lo que traemos, sino actuar adecuadamente ante las diversas situaciones, en lugar de reaccionar.
- **Compartirlos con alguien de confianza**. Cuando platicamos nuestros sentimientos con alguien es como si estuviéramos escuchando la película de nuestra propia vida; nos ayuda a hacer conciencia de nuestra historia, y a darle a otro la oportunidad de acompañarnos con esa carga emocional.
- **Atender los sentimientos en el cuerpo**: Las células de nuestro cuerpo tienen memoria y graban las situaciones de nuestra vida. Aunque haya eventos que mentalmente no estén presentes, nuestro cuerpo los recuerda.

Atender los sentimientos en el cuerpo

Para profundizar en la atención de los sentimientos en el cuerpo el Dr. McMahon y Campbell recomiendan seguir estos pasos:

1. Si hay una sensación o sentimiento pregúntate ¿está bien ponerle atención a eso que es real en mi cuerpo?
2. Permite que tu atención pase a tu cuerpo, se centre en él y puedas darte cuenta de cómo se siente dentro de ti. Créale un clima de presencia amorosa, para que realmente puedas asumir como se siente en tu cuerpo, y espera pacientemente para ver si desea expresarte algo más. Si surge un recuerdo, una imagen, unas palabras o algo más, pregúntate ¿cómo se siente esto ahora en mi cuerpo? y bríndale un tiempo para ser sentido, para expresarse y desarrollarse hasta que estés listo para terminar el ejercicio.

3. Para concluir, compara como se sentía tu cuerpo antes de escuchar y como se siente ahora. Si algo se siente mejor, saboréalo y tómate un tiempo para darle gracias a Dios, pues finalmente, es Dios que vive en tu cuerpo, el que ha hecho la transformación.

Al ir descubriendo la pérdida de uno o varios gemelos, nosotros recomendamos que cada sentimiento sea atendido siguiendo los pasos anteriores. Si ya te diste cuenta de que hay miedo, por ejemplo, puedes tomarte un tiempo para localizar ese sentimiento en tu cuerpo y darle esa presencia amorosa, para que se exprese. Así con cada una de las emociones que hemos descrito. Es importante tener paciencia y tomarse el tiempo y los días necesarios para vivir cada sentimiento.

Uno de los sentimientos más fuertes que se experimentan y hemos descrito es la culpa. A pesar de que no fue nuestra responsabilidad la pérdida del gemelo, hay que vivir un proceso de perdón a nosotros mismos. Aquí presentamos un extracto del libro "La Gracia de Perdonarte a ti mismo a través del Enfoque Interior" de Edwin McMahon, Ph.D. y Peter A. Campbell, Ph.D.:

"No es un simple ejercicio mental que se realiza cuando se presenta el sentimiento. El perdón envuelve una presencia sentida dentro del cuerpo. Pocas personas pueden entender realmente lo que esto significa o lo que esta experiencia encarnada está involucrada en el proceso de reconciliación. Nunca seremos capaces de perdonarnos unos a otros hasta que podamos perdonarnos y reconciliarnos con lo que está aislado o temeroso dentro de nosotros.

Perdonarnos, sin embargo, es totalmente diferente a disculparnos o explicarnos las cosas más claramente. Darnos excusas y explicaciones son actos de la mente racional que nunca tocarán realmente el conocimiento corporal. La culpa, el resentimiento, el enojo y el miedo son llevados en nuestro cuerpo, necesitamos el don de un proceso en el cuerpo que va más allá de la razón para sanar nuestras heridas. "Pensar correctamente no es un sustituto de experimentar cambio en la forma en que nuestro cuerpo está cargando algunas experiencias negativas". Hay un proceso diferente involucrado en la transformación de los sentimientos humanos. Un proceso corporal, no es un proceso mental.

Los sentimientos difíciles y negativos no cambian porque los entendamos. Más bien es cuando se da el clima de aceptación interna, sentida orgánicamente, que es el catalizador actual para el cambio.

La transformación de lo negativo y de los sentimientos destructivos es obra de la Gracia.

En cierto sentido, tus sensaciones sentidas interiormente son como un amigo que sufre y te necesita. ¿Cómo puedes estar tú con esa parte de ti mismo que está enojada, resentida, dolida? ¿Cómo tratarías de estar con un amigo para que la historia dentro de él pueda empezar a desenvolverse?.

Podemos ver esto de otra manera y recordar la relación que existía entre Cristo y la Magdalena. ¿Qué hizo posible que esta rechazada social pudiera cambiar el patrón destructivo de su vida?

Cristo nunca uso el palo y el garrote para acercarse a ella. El nunca puso precondiciones. La calidad genuina de su interés y amor vino sin necesidad de palabras. A un nivel orgánico, corporal, la Magdalena supo que era aceptada como era. Esta experiencia sentida en el cuerpo le permitió y la motivó, para empezar una nueva vida. La parte lastimada difícil de ti mismo es tu María Magdalena. Necesitas encontrar alguna forma "de presencia amable y cariñosa" para que las historias que se esconden bajo las heridas puedan empezar a desenvolverse."

CULPA DEL SOBREVIVIENTE

Desde las primeras investigaciones realizadas acerca de los sobrevivientes, los investigadores se han ocupado de analizar los sentimientos de culpa, tanto conscientes como inconscientes. Muchos estudiosos afirman que dichos sentimientos juegan un papel predominante en la génesis del síndrome.

Se acepta que los sentimientos de culpa, tanto los que aparecen en forma patente como los que se supone que se manifiestan a través de diferentes fenómenos patológicos, no son solo una expresión más del cuadro, sino que juegan un papel importante en su génesis y su mantenimiento.

Aunque estos estudios se han hecho con base en los sobrevivientes de alguna masacre como la del holocausto, donde fue exterminada mucha gente, el sentimiento de culpa es muy similar en el caso de los sobrevivientes que traían consigo un gemelo.

Muchos psicoanalistas que se ocuparon del tema concuerdan con respecto a la importancia de tales sentimientos de culpa. Creemos importante consignar, aunque en forma resumida, varias opiniones acerca de este punto. W. Niederland (1968) está convencido de que la culpa está siempre presente en los sobrevivientes y se acompaña de temores consientes o inconscientes de ser castigados, por el hecho de haber sobrevivido a las persecuciones en tanto sus parientes y amigos fueron masacrados.

La culpa inconsciente se ve en parte reforzada por los sentimientos ambivalentes hacia los seres que se perdieron, apuntalada aún más por el sentimiento de no haberlos ayudado durante las persecuciones. Dicha culpa inconsciente se afianza por diferentes causas y a través de diversos mecanismos, sobre todo por las numerosas frustraciones que los sobrevivientes tuvieron que soportar después de ser liberados. El mismo autor escribe, doce años después (Niederland, 1980), que el hecho de ser el único o casi el único sobreviviente de toda una familia que ha sido aniquilada por los nazis, es vivido como un peso que origina un gran sufrimiento, vergüenza y pena; sentimientos de los cuales nunca se puede liberar. Niederland renuncia a algunas de sus afirmaciones previas y sostiene que:

> *"... apoyándome en mi larga investigación, tengo muchas razones para creer que el hecho de sobrevivir es sentido inconscientemente como si se hubiese traicionado a los padres y hermanos asesinados. Estar vivo es una causa permanente de conflicto y al mismo tiempo una fuente inagotable de culpa y sufrimiento".*

Esta "culpa del sobreviviente" es muy frecuente en las personas que han tenido un gemelo desaparecido aunque no sepan conscientemente de la existencia de ese hermano.

Luis Valdez Castellanos S.J en su libro "De la culpa a la paz y al amor" dice que: *"la culpa es un fenómeno universal y aparece desde que uno es bebé aunque no haya uso de razón ni manejo de la moral"*. Nosotros hemos visto y constatado con las investigaciones mas recientes en psicología prenatal, que la culpa aparece desde antes de nacer.

Carlos Cabarrús en su libro "Crecer bebiendo del propio pozo" habla de la importancia de conocer las heridas de la infancia, pues son ellas la causa de muchas conductas destructivas en la etapa adulta.

A veces es tan fuerte la creencia de haber sido culpable, que la persona puede vivir siempre complaciendo a su mamá o a su papá para compensar esa culpa.

Más fuerte aún, se quiere llenar todas las expectativas de los papás si el gemelo era del sexo contrario y ellos lo anhelaban.

Como el caso de Claudia una mujer joven casada y madre de un hijo. Ella dice:

"Cuando tenía seis años sentía la necesidad de un hermano que me cuidara y protegiera. Siempre soñaba y todavía sueño con él. Fue solo hasta que trabajé mi etapa prenatal cuando descubrí que esa necesidad de tener un hermano, en realidad era que había tenido un hermano gemelo y de manera inconsciente lo extrañaba.

Antes de descubrir la existencia de mi gemelo yo era muy posesiva con mi esposo, quería que solo anduviera conmigo, que todo el tiempo estuviera ahí donde yo estaba, tenía miedo a estar sola, me sentía insegura.

Cuando me case quería niño, pero ahora me doy cuenta de que buscaba recuperar a mi gemelo perdido.

Me culpaba de todo lo que le pasaba a mi hijo, hasta de no haberle dado el hermano que quiere. Me da miedo que les pase algo a mis papas, a mi esposo o a mi hijo. Me da miedo manejar porque digo: "si yo tuviera la culpa de que les pase algo no me perdonaría".

Siempre he sido muy rescatadora con mi familia para que ellos no sufran, si tienen cualquier problema busco como resolvérselos. Cuando estaba embarazada, sin haberme casado, decía que les había fallado a mis papás, y esto me llenaba más de culpa en mi vida.

Me deprimía muy seguido y decía: "me quiero morir", pero no sabía realmente la causa de todo esto.

Cuando descubrí que tenía un gemelo comprendí muchas cosas. Ahora frecuentemente lo veo en el sueño, sé que es el pero nunca veo su cara.

Al principio me sentí desconcertada cuando lo entregué y me daba miedo desprenderme de él, un tiempo no lo soñaba pero lo extrañaba, se lo entregué a Dios, y me ha servido mucho de consuelo y seguridad, darme cuenta de que está conmigo aunque ya no exista físicamente.

Todo esto ha ido pasando, y me he sentido mejor, ya sé que no puedo buscar a mi gemelo y lo más importante es que me di cuenta de que no soy culpable de su muerte, que puedo vivir mi vida más libremente porque el ya cumplió su misión y no fue mi culpa el que se haya ido."

Otra mujer llamada Dora, quien vive con su esposo y dos hijos de 8 y 11 años, contó lo siguiente:

"En un taller de Desarrollo Humano me preguntaron si había tenido gemelo. Empecé a ver información sobre como duelen las despedidas y me identifique con eso.

En un inventario moral me di cuenta de que tenía mucho resentimiento, me sofocaba y dije "tengo muchas ganas de salir corriendo."

Al momento que me acompañaron y me dijeron que estuviera en el vientre de mi madre, vi a otro bebe que estaba ahí, luego vi que se fue; primero me dio tristeza y luego enojo.

En el ejercicio se lo entregué a Dios, pero al día siguiente me sentía muy triste y me fui a dormir, porque es mi manera de evadirme.

Siento que tomo el papel de hombre resolviendo lo económico aunque yo este angustiada.

En la relación con mi esposo, somos más como hermanos que como pareja.

De adolescente yo deseaba un hermano para que conviviéramos juntos.

Cuando tenía novios, los trataba más como amigos o hermanos. Los recordaba con canciones que decían cosas como "te esperare como una madre espera su bebé".

Sentí mucha culpa cuando se murió mi hermano gemelo. Siento que lo quería agarrar con mi mano, pero no lo podía detener.

Me sentía con culpa con los hijos si no les podía dar algo que me pedían o cuando me decían "tu no nos cuidas". Por muchas cosas me sentía culpable."

La pregunta que rige a la culpa del sobreviviente es: ¿por qué yo me salvé y otros no?, explicaba Daniel Mosca, coordinador del Equipo de Factores Humanos del SAME y titular del servicio de Estrés Traumático del Hospital Alvear, en Argentina, durante algunas entrevistas a medios argentinos sobre la llamada tragedia de Cromañón.

Este suceso marcó fuertemente a la ciudad de Buenos Aires, Argentina, por el fallecimiento de 194 personas y 1432 heridos en un incendio ocurrido la noche del 30 de diciembre de 2004 en República Cromañón, un establecimiento ubicado en el "barrio de once" durante un recital de la banda de rock Callejeros.

En 2006, el mismo Daniel Mosca dio a conocer que, dos años después del fatal accidente "se están atendiendo unos 500 sobrevivientes de Cromañón" en los servicios de salud mental de la Ciudad, debido a que sufren insomnio, pesadillas vinculadas al incendio, aislamiento social porque consideran que es peligroso ir a lugares públicos, angustia, irritabilidad, depresión, sentimiento de culpa por haber sobrevivido o por no haber podido salvar a gente.

Hay niños que ante esta creencia falsa de ser culpables, tratan de justificarse todo el tiempo diciendo que ellos no hicieron nada cuando algo ocurre, por ejemplo: si se rompe un florero, se muere el pez, o el hermanito se cae.

Varias mamás han dicho que sus niños o niñas dicen constantemente "yo no fui culpable de que se cayera mi hermano", antes de que la mamá diga algo. O por el contrario se declaran culpables de todo lo que pasa, hasta de la muerte de la mascota.

Estos niños probablemente han tenido un gemelo o gemela y el sentimiento de culpa los ha llevado a tener estas actitudes.

Una joven que llegó a los talleres de sanación, decía que vivía con mucho miedo. Desde pequeña cuidaba de su papá, de su mamá y de su hermano, sentía que si ella no los cuidaba, algo les podía pasar y no se lo perdonaría. Ahora, en edad de tener novio, vivía preocupada también por él, decía: *"no podría soportar que algo malo les sucediera"*.

Al tener esta experiencia, muchas veces quedan creencias falsas. Una de ellas es pensar que no se cuidó bien del gemelo y por eso murió. Esto genera mucha culpa.

Es muy fácil que estas personas queden atrapadas en relaciones enfermizas. A veces esto, las lleva a complacer a todo mundo con tal de que no las abandonen. Se convierten en rescatadoras de todos. Aunque vivan con mucho enojo permiten abusos, pensando que no se merecen otra cosa.

También, viviendo con esta culpa, llegan a sobreproteger a los hijos o a permitirles conductas agresivas o de rechazo a los mismos padres. Otras veces se convierten en la "mamá" de su mamá o de sus hermanos.

La culpa también puede llevar a la persona a vivir más que austeramente, casi en la miseria, por no sentirse merecedora de una vida digna. La mayoría de las veces viven con culpa, como si no tuvieran derecho a disfrutar lo que tienen, al amor incondicional o a las necesidades legitimas. Esto se manifiesta también buscando llenar las necesidades de personas indigentes de una manera exagerada, llegando incluso a perjudicar a su familia o a ellos mismos.

Luis Valdez Castellanos explica lo siguiente en su libro "De la culpa a la paz y al amor":

"Un problema importante es que la persona no siempre se da cuenta de que tiene sentimientos de culpa y por eso actúa de determinada manera sin saber por qué. Un ejemplo: si lastimé grandemente a un amigo y le pedí perdón, pienso que ya estuvo arreglado el problema. Cuando ese amigo me pide algo que me cuesta trabajo hacer, yo lo hago sin dudar, aunque me afecte. Esto lo hago casi en automático, de manera inconsciente.

Probablemente se debe a que hay un sentimiento de culpa en mi interior que me hace sentir una gran deuda con mi amigo."

Una persona que llegó a terapia porque le dolía mucho cualquier pérdida en su vida, vio claramente que estaba en el vientre con otro bebé y comentó:

"Guardo mucha culpa. Sentí mucha culpa cuando se murió mi hermano gemelo, tenía mucho miedo. Sentí como que iba naciendo pero me quede muy triste, después empecé a gritar auxilio adentro del vientre. No sabía a quién pedir auxilio.

Cuando vi a mi gemelo era muy chiquito. Con mi mano lo quería agarrar pero no lo podía detener, tal vez por eso cuando se enfermaba alguno de mis amigos, prefería sufrir yo antes que él."

Aquí se puede ver la forma en que la persona empieza a culparse desde antes de nacer y seguirá así durante toda su vida, mientras no conozca el origen de ese sentimiento. Así, pudiera parecer muy generosa, protectora o buena hermana pero detrás de todo, hay una culpa falsa que la ha manejado toda su vida desde la gestación; y donde además ha guardado mucho enojo al permitir abusos de los demás. A veces prefiere romper relaciones de manera definitiva, porque dejó que se acumulara el enojo como una olla de presión que explota.

Dice la doctora Claude Imbert en su libro "El futuro se decide antes de nacer"

"Sea por la desaparición de un miembro de la familia, por la pérdida de los embriones que estaban antes de nosotros y que no vivieron, por un bebé muerto, cuya antigua presencia todavía captamos, o incluso por nuestro gemelo que no ha sobrevivido, nosotros podemos sentir una gran culpabilidad por el hecho de existir mientras que los otros no pudieron...."

La culpa sana es la que lleva a hacerse responsable de los propios actos, a dejar el pasado y a sentirse dignos; lleva a juzgar y en todo caso reprobar, solamente la conducta, nunca a la persona. Con la culpa insana se tiene un policía severo que dice que nunca se es suficientemente bueno, nunca digno del propio amor; lleva a la persona a menospreciarse, a deprimirse y no le permite avanzar. La culpa del sobreviviente es una culpa insana que conlleva estas características.

Según Valdez Castellanos S.J. estas son algunas expresiones de la culpa insana:

1. Ser demasiado responsable
2. Preocuparse en serio
3. Ser un ayudador compulsivo
4. Disculparse continuamente
5. Culparse constantemente
6. Preocuparse por lo que las otras personas piensen de uno
7. Pensar que no se es tan bueno como la gente considera
8. No darse tiempo para sí
9. Preocuparse de que otros sean mejores que uno
10. Debo y debería son las palabras favoritas
11. No se puede soportar la crítica
12. Se es un perfeccionista
13. Preocupa el ser egoísta
14. Disgusta el pedir ayuda
15. No se pueden aceptar cumplidos
16. A veces preocupa ser castigado por los pecados
17. No puede decir que no

Los que se sienten culpables tienen la tendencia de ver a Dios como una proyección del mismo ser humano: alguien que ama solamente a cambio de algo, alguien que tarda mucho en perdonar, etc. Es un dios, literalmente hecho a la propia imagen humana.

En resumen, si esta culpa no se hace consciente y no se trabaja puede traer consecuencias a nivel corporal, emocional y espiritual. Puede provocar enfermedades, relaciones enfermizas o insanas, así como crear una imagen falsa de Dios que impide recibir todo Su Amor.

Cuando solo guardamos los sentimientos, sobre todo el de culpa y enojo, tenemos el peligro de ser violentos con nosotros mismos.

BUSCARLO DE MANERA INCONSCIENTE

Tal parece que este es un síntoma generalizado, pues hay quien desde la niñez se aferra a un hermano, a un amigo, a un primo o incluso a un muñeco, cobijas o almohadas.

Aunque la persona no sabe de la existencia del gemelo desaparecido en el vientre, lo busca de alguna manera y hasta llega a tener novios parecidos o amigos con el mismo nombre de su gemelo.

Una joven que descubrió la existencia de su gemelo, se llevó una gran sorpresa al hacer conciencia de que un amigo, que apreciaba mucho, tenía el mismo nombre que su gemelo y había nacido el mismo día que ella.

Después de haber descubierto la existencia de un gemelo desaparecido en el vientre, una señora contó lo siguiente: *"Yo quería tener un hijo varón, sobre todo el primero, pero ahora me doy cuenta de que buscaba a mi gemelo que siempre extraño"*

Una mujer que no se ha casado y ya tiene alrededor de cuarenta años, decía:

"Tengo amores platónicos pero no les hablo, tengo uno ahora. Primero era un niñito de primero de primaria, pero había algo que me separaba de él, lo veía como inalcanzable, me daba tristeza."

Otra persona comentaba:

"Colecciono angelitos, sobre todo rubios de ojos azules, que se parezcan a mi gemelo. Mi abuela paterna, desde niña me regaló unos muñequitos que son gemelos, fue un regalito que le hicieron a ella y no descansé hasta que me los dio,

tengo con ellos más de 20 años"

Una niña de cuatro años, que llamaremos Mariana, decía constantemente que el bebé que esperaba su mamá iba a ser niña, y que si era niño no lo iba a querer. Esta misma situación había ocurrido con un hermano anterior. Su enojo era mucho y no quería aceptarlo si no era niña. Al empezar a trabajar en terapia, Mariana descubrió que tenía una gemela. La mamá nos contó que: junto con Mariana, venía una bolsa de agua que desapareció a los cuatro meses. De esta situación la pequeña sentía que cada vez que su mamá se embarazaba iba a nacer la hermana que se quedó en el vientre. Ella no sabía lo que había pasado con su gemela, pues solo dejó de moverse.

Al trabajar, empezó a entender que su hermana había muerto y comenzó a vivir su proceso de duelo. Atendió el enojo, la tristeza y el dolor de esa pérdida. Así, se dio cuenta de que los niños que estaban en el vientre de mamá y que venían en camino, eran hermanos diferentes a su gemela. Después de esto, aceptó que su hermano fuera hombre y dejó de esperar a su hermana.

El Dr. Emerson cuenta que únicamente podía tener relaciones fraternales con las mujeres, pero no sabía cuál era la raíz de ese comportamiento, hasta que descubrió la existencia de su gemela que murió. Así, vivió un proceso de duelo por esa pérdida y pudo tener relaciones íntimas con abrazos cargados de energía sexual, anhelando estar más con su novia que con su gemela.

TESTIMONIO DE CLAUDIA

Claudia, una mujer de cuarenta años, no encontraba su vocación, siempre había estado en su búsqueda. Así que acudió a pedir ayuda. En terapia, se dio cuenta de la existencia de su gemelo y decía: *"siento como si mi gemelo viviera en mí y nunca me ha dejado vivir mi vida"*

Vio a su gemelo con ojos verdes y dijo que, curiosamente, todos los muchachos que la habían buscado en su vida, tenían los ojos de ese color.

En otro momento de la terapia, vio a su gemelo como si fuera una bolita y le llamó la atención que ese día traía en sus manos dos bolitas como "chiclosas" que se pegaban una con la otra. Esto le pareció como una representación de lo que había sucedido entre ella y su gemelo.

Recordó a un hermano que consideraba como su cuate. El murió de niño y contó que el día de su funeral, al verlo en la caja dijo: "se murió mi cuate".

De niña, le gustaba jugar con sus vecinas a las muñecas, pero también jugaba con sus hermanos a las canicas o a lo que ellos dijeran. Desde chica se ponía a desarmar televisores o lavadoras, y aún le gusta hacer éstas cosas que comúnmente son para los hombres.

A partir de haber encontrado a su gemelo, ha podido dejar de buscarlo en sus hermanos, en los amigos o en los compañeros.

Se ha dado cuenta de que cargaba la responsabilidad de proveedora en su familia, pero ahora es más libre para vivir su propia vida sin sentir que el gemelo vive en ella.

Así, nos podemos dar una idea de lo significativo que es estar buscando al gemelo desaparecido de manera inconsciente, porque las personas no son realmente libres para elegir, para relacionarse, para buscar pareja o amistades.

Para sanar esto, es muy importante pedirle a Dios que nos libere y una manera muy efectiva de lograrlo es ofrecer una Eucaristía por los gemelos que fallecieron.

El Dr. Kenneth McAll en su libro "Sanando el árbol genealógico" dice que tiene 600 casos grabados de curación directa que han ocurrido después de que la Eucaristía ha sido celebrada en nombre de los bebés, quienes fueron abortados por voluntad o involuntariamente, que nacieron muertos o que fueron abandonados al nacer y nunca habían recibido amor, o habían sido debidamente entregados a Jesucristo durante un servicio funeral.

Él dice que cuando una Eucaristía ha sido celebrada en nombre de estos infantes, los resultados han sido sorprendentes. Muchos han sentido el beneficio del poder sanador que fue generado, incluyendo pacientes que estaban a muchos miles de distancia, en hospitales e instituciones mentales y que desconocían en absoluto la celebración mencionada, hasta incluso parientes perturbados que se encontraban en países lejanos.

Él cuenta el caso de una niña que padecía ataques epilépticos. Ella siempre decía que tenía 3 hermanos y 3 hermanas, cuando en realidad solo tenía 2 hermanas. Cuando la mamá le dijo esto, ella se puso furiosa y defendió el punto de que eran 3 hermanas. "Mi hermana es amiga mía, yo la conozco y se llama Melisa", dijo. Después la madre contó que había tenido un aborto accidental y que había pensado ponerle Melisa a esta bebé. Después de tener la Eucaristía en honor a Melisa, los resultados cambiaron la vida de aquella familia. Con exámenes comprobaron que su epilepsia estaba curada y muy poco tiempo después le retiraron los medicamentos.

El doctor afirma que no es nada sorprendente que esta niña supiera de la existencia de Melisa, su hermana, pues de hecho dice, que tenía 1400 casos similares en sus archivos.

¿QUÉ PUEDO HACER?

- Tomar conciencia de la forma en la que he estado buscando a mi gemelo o gemelos en otras personas o cosas, como muñecos, almohadas, cobijas.
- Saber que el gemelo es un ser con alma, que vive junto con Jesús en la comunión de los santos. Podemos confiar en que no ha muerto, pues Dios es un Dios de vivos y no de muertos.
- Saber que el gemelo o gemelos interceden por nosotros ante Dios.
- Entregar el gemelo a Dios, con el ejercicio que viene más adelante.
- Ofrecer una Eucaristía para encomendar al o a los gemelos que murieron. Esto se puede hacer en silencio antes de que inicie la misa.
- Vivir un proceso de duelo, reconociendo y atendiendo los sentimientos que surgen de la pérdida: enojo, tristeza, soledad, culpa, miedo, etc.

EJERCICIO PARA ENTREGAR A UN GEMELO DESAPARECIDO

Cierra tu mano derecha e imagina que ahí está tu gemelo. Se lo vas a entregar a Dios pero antes, pregúntate: ¿que siento en mi cuerpo? Quizá haya tristeza, miedo, culpa, etc. Baja la atención a tu cuerpo y pregúntate: ¿dónde siento todo eso? Si está bien para ti, escucha atentamente esos sentimientos, respeta cualquier cosa que sea real en ti.

Cuando esto se sienta mejor, ve si estás listo para abrir tu mano diciéndole a Dios: aquí está mi gemelo, te lo entrego, me lo enviaste para que me acompañara, es tuyo y no me puedo adueñar de él. Sé que está contigo acompañándome desde la comunión de los santos.

Dale gracias a Dios por ese compañero o compañera que te mandó y que te regaló.

Si has descubierto que hay dos o más gemelos, vuelve a hacer el ejercicio con cada uno.

Tal vez quieras preguntarle a Jesús, cuál fue el propósito y la misión de cada uno de ellos.

Realiza este ejercicio hasta que sientas que lo has entregado completamente. Puedes hacerlo durante varios días, mientras vas acompañando todos los sentimientos que surjan por este motivo.

Recuerda ofrecer una Eucaristía en honor de tu o tus gemelos.

DESEOS DE MORIRSE

En la actualidad, muchas personas experimentan deseos de morirse, pero no conocen la raíz principal, e incluso se lo atribuyen a circunstancias recientes como la pérdida de alguien o el término de una relación sentimental. Sin embargo, esto puede estarse conectando con una herida muy primaria, que tal vez la persona ni siquiera conoce: la muerte de uno o varios gemelos en el vientre.

Puede ser que este deseo de morirse no sea tan evidente, sino escondido por diferentes circunstancias. Por ejemplo: personas que prefieren dejar de cuidar su salud, que realizan actividades y deportes extremos, aquellas que manejan sin el cinturón de seguridad o de una forma inadecuada, personas que cruzan la calle sin voltear a ver, que se descuidan en su seguridad y protección, o tal vez tienen una adicción a sustancias que las acercan a la muerte y que no están dispuestos a dejar. Hay que recordar que las adicciones no solo incluyen las drogas, el cigarro o el alcohol, sino también la comida, el chocolate, el café y otras cosas que parecen inofensivas, pero que en exceso son dañinas. Muchas veces, detrás de todo esto, puede existir un deseo escondido de morirse que tal vez inició desde la muerte del gemelo.

Cuando la persona se da cuenta de que el gemelo murió, a veces siente una división: una parte de ella quiere vivir y otra quiere morir. La parte que quiere morir generalmente se siente en el lugar del cuerpo donde estuvo el gemelo.

Algunas personas nos han referido que experimentan "como paralizada, muerta o con ganas de morir" la parte del cuerpo en la que sentían cerca a su gemelo.

Algunos perciben que quedó "como carne podrida" y han sentido la necesidad de retirarlo. Esto les ha generado asco, o vergüenza cuando ya lo han quitado. Otros refieren haber tenido una liberación y sentirse más ligeros.

Además, alguien puede sentir el deseo de morirse cuando algo le sucede a la persona con la que no tiene una relación sana. Tenemos el testimonio de Fely, que antes de darse cuenta de la existencia de su gemelo, vivía dependiendo de su esposo. El día en que su esposo se quedó sin trabajo y sin dinero, ella entro en un shock de muerte, como si su vida dependiera totalmente de la vida del marido. Ella descubrió que su gemelo estaba como pegado a su cuerpo y murió estando muy cerca de ella. Al hacer conciencia de esto acompañó el dolor, luego hizo la simulación de quitarse a su gemelo, y lo entregó a Dios. Después hizo oración para que Jesús la sanara y ahora vive más reconectada con Dios, sin quererse morir cuando al esposo le pasa algo o se va lejos por el trabajo. Ahora está tratando de darle amor, en lugar de exigirle vida y sustento en todos los sentidos.

Otro escrito que nos llamó poderosamente la atención sobre este tema es una narración que realiza San Agustín en su libro "Confesiones". Ahí platica acerca de la muerte de un amigo muy querido y todas las cosas que él vivió a raíz de esa situación. Habla de su amigo como si fueran uno sólo, con grandes deseos de morirse y con una nostalgia de Dios tal como la que encontramos en los que han perdido a un gemelo:

"Adquirí un amigo a quien quise mucho por ser condiscípulo mío, de mi misma edad. Juntos nos habíamos criado de niños, juntos habíamos ido a la escuela y juntos habíamos jugado. Aquella amistad era muy dulce... pero estando yo ausente le volvieron las fiebres y murió.

¡Con que dolor se entenebreció mi corazón! Cuanto miraba era muerte para mí.

Era yo miserable, como lo es toda alma prisionera del amor de las cosas temporales, que se siente despedazar cuando las pierde, sintiendo entonces su miseria, por la que es miserable aún antes de que las pierda."

Muchas personas experimentan sufrimiento desde antes de que su gemelo se muera, como si presintieran que la muerte se acerca para su hermano. San Agustín continúa:

"Y tan miserable era (la vida), y aún no se si quisiera perderla por él, como se dice de Orestes y Pilades, que querían morir el uno por el otro o ambos al mismo tiempo, por serles más duro que la muerte, el no poder vivir juntos. Sentía un grandísimo tedio de vivir y al mismo tiempo tenía miedo de morir."

Hemos observado que hay personas que no tienen ganas de vivir, pero que también experimentan ese miedo de morir. Es esta misma división que observamos, vivir entre la vida y la muerte, hasta que la persona haga una entrega total a Dios. Sigue el relato:

"He aquí mi corazón, Dios mío; helo aquí por dentro, observa, porque tengo presente, esperanza mía, que tú eres quien me limpia de las inmundicias de tales afectos, atrayendo hacia ti mis ojos y librando mis pies de los lazos que me aprisionaban.

Me sorprendía aún de que habiendo muerto él, viviera yo, que era otro él. Bien dijo uno de su amigo "que era la mitad de su alma". Porque yo sentí que mi alma y la suya no eran más que una en dos cuerpos y por eso me causaba horror la vida, porque no quería vivir a medias. Y al mismo tiempo temía mucho morir.

Llevaba mi alma rota, ensangrentada, y que no soportaba ser llevada por mí, pero no hallaba donde ponerla... A ti Señor debía ser elevada para ser curada."

A través de las palabras sabias e inspiradas del Doctor de la Iglesia, San Agustín, encontramos los sentimientos y momentos que las personas experimentan cuando han perdido a un gemelo, que se ve agravada en las siguientes etapas de la vida, como en este caso, con la pérdida de un amigo. Observamos esa unidad entre una persona y otra que a veces pierde la individualidad, como lo hemos visto en muchos casos, así como el dolor inmenso, los deseos de morir en lugar de ese ser querido, o de irse con él al mismo tiempo.

Para sanar estos deseos de morir, es necesario pedirle a Jesús que quite toda la carga de muerte, darle un SI a la vida que Dios nos ofrece, ya que fuimos elegidos para una misión especial y el gemelo o gemelos ya cumplieron la suya.

Hay que tomar en cuenta que lo importante es estar conectados con Dios y no estar dependiendo de las personas. Jesús nos dice en Juan 15, 5-6: *"Yo soy la vid y ustedes los sarmientos. El que permanece en mí y yo en el, ese da mucho fruto, pero sin mí no pueden hacer nada. Al que no permanece en mí, lo tiran y se seca; como a los sarmientos, que los amontonan, se echan al fuego y se queman."* Así también lo confirma San Agustín cuando dice:

"Bienaventurado el que te ama a ti, Señor; y al amigo en ti, y al enemigo por ti, porque solo podrá perder al amigo quien tiene a todos por amigos en aquel que no puede perderse. ¿Y quién es este sino nuestro Dios, el Dios que ha hecho el cielo y la tierra y los llena, porque llenándoles los ha hecho? Nadie, Señor, te pierde sino el que te deja... Si te agradan las almas, ámalas en Dios, porque, si bien son mudables, fijas en El, permanecerán; de otro modo desfallecerían y perecerían. Ámalas, pues, en El y arrastra contigo hacia El a cuantos puedas y diles: a Este amemos; Él es el que ha hecho estas cosas y no está lejos de aquí. **Porque no las hizo y se fue, si no que proceden de Él y en El están.** *Estad con El, y permaneceréis estables, descansad en El, y estaréis tranquilos."*

Recuerda que Jesús nos dice: *"deja que los muertos entierren a sus muertos, tu ven y sígueme"*. También le dice al paralitico: *"levántate, toma tu camilla y vete a tu casa"*.

"¿No saben que son templos de Dios y que el Espíritu de Dios habita en ustedes? Si alguno destruye el templo de Dios, Dios los destruirá a Él, porque el templo de Dios es santo, y ese templo son ustedes"

(1ª Corintios 3, 16 y 17)

Recomendamos pedirle al Espíritu Santo que nos ayude a hacer la siguiente oración, y como dice San Agustín, a elevar nuestra alma a Dios para que sea sanada.

ORACIÓN POR LA VIDA

En el nombre de Jesús, y por el poder de Su Sangre Preciosa rompo toda atadura de muerte que haya quedado con mi gemelo (a) o gemelos. En el Nombre de Jesús, te libero a ti (DI EL NOMBRE DE TU O TUS GEMELOS) para que vivas en Cristo y estemos en comunión con El y en El. En el nombre de Jesús soy libre para quedarme en la tierra y cumplir la hermosa misión que Dios me encomendó.

En el nombre de Jesús y por el poder de su Sangre preciosa ato y amordazo los espíritus de muerte, destrucción, autodestrucción, invalidez, engaño y culpa que hayan quedado en mí desde ese momento y los mando a los pies de Cristo, y les ordeno que no me molesten más, ni a mí ni a nadie. (TRES VECES ESTOS DOS PARRAFOS)

Reclamo la vida que Dios me ha dado y la consagro a Dios Padre que es mi Creador. Le pido al Espíritu Santo que llene de vida la parte de mi cuerpo que haya quedado dañada. Jesús tú nos has dicho que dejemos que los muertos entierren a sus muertos. Queremos enterrar esa parte muerta, para escuchar tu voz que nos dice "Ven y sígueme". Mi vida te pertenece a ti Jesús. Desde el día de hoy te proclamo como mi Señor y Salvador.

Te doy gracias Señor, porque mi gemelo (a) o gemelos, ya cumplieron la misión que tú les encomendaste. Ayúdame a descubrir cada vez más la misión única y especial que me has dado, para darle un Si a Tu Voluntad y a la vida que me has regalado. Te entrego todo Señor, mi vida, mi saber y poseer. Tu amor y tu gracia me bastan.

Queremos decir con San Agustín: ¡Oh Señor y Dios nuestro que esperamos al abrigo de tus alas; protégenos y llévanos; tu llevaras, si, tu llevarás a los pequeñuelos, y hasta que sean ancianos tú los llevaras, porque cuando eres tu nuestra firmeza, entonces es firmeza; pero cuando es nuestra entonces es debilidad!

Amén, amén, amén.

CONFUSIÓN DE IDENTIDAD SEXUAL

"La relación entre gemelos es tan fuerte que a veces hay confusión de identidad" dice el Dr. Terry Karlton, especialista en psicología prenatal y perinatal de la Universidad de Denver, Colorado, miembro de la Asociación de Psicología Prenatal, Perinatal y de Salud de Estados Unidos y además ha trabajado muchos años en regresiones al vientre materno junto en el Dr. William Emerson.

Tal parece como si la persona que ha tenido gemelo, sobre todo si es de sexo contrario, tienen una gran confusión, como queriendo vivir la vida del otro junto con la suya, o como si algo de su hermano o hermana se hubiera quedado en ellos.

Hemos encontrado que las personas con un gemelo desvanecido del otro sexo presentan los síntomas de trastorno de identidad sexual que antes señalaba el DSM IV, un manual diagnóstico y estadístico de los trastornos mentales de la Asociación Estadounidense de Psiquiatría.

En el apartado F64.X referente a los trastornos de la identidad sexual, el DSM IV señalaba que, en los niños, el trastorno se manifiesta por cuatro o más de los siguientes rasgos:

1. deseos repetidos de ser, o insistencia en que uno es, del otro sexo;

2. en los niños, preferencia por el travestismo o por simular vestimenta femenina; en las niñas, insistencia en llevar puesta solamente ropa masculina;
3. preferencias marcadas y persistentes por el papel del otro sexo o fantasías referentes a pertenecer al otro sexo;
4. deseo intenso de participar en los juegos y en los pasatiempos propios del otro sexo.

Además, estos rasgos persisten hasta etapas avanzadas de la adolescencia o la etapa adulta en aproximadamente tres cuartas partes de los niños que han tenido este trastorno. Este porcentaje de personas afirma tener una orientación homosexual o bisexual, según refería el DSM IV.

En los hombres adultos existen dos evoluciones diferentes en el trastorno de la identidad sexual. El primero es una continuación, que se inició en la niñez. En el segundo, aparece más tarde y de manera gradual, en las etapas intermedias de la vida adulta.

Hemos visto niñas que tienen deseos de ser hombre, practican juegos que generalmente se atribuyen al sexo opuesto, prefieren los carritos en vez de las muñecas. También hay mujeres jóvenes que les gusta practicar fútbol, algún deporte rudo o eligen un trabajo de construcción y máquinas pesadas, deciden vestirse con botas de hombre. Es como si quisieran vivir el rol de hombre, siendo mujeres.

Hay niños que notoriamente prefieren los juegos delicados, como las muñecas o la "comidita", usan los cosméticos de su mamá o se ponen su ropa, en lugar de elegir los juegos rudos.

Sabemos que ocasionalmente los niños pueden elegir los

juegos de ambos sexos, sobre todo cuando hay hermanos del sexo contrario, sin embargo, cuando el niño elige frecuentemente los juegos del sexo contrario, es cuando se puede sospechar la presencia de un gemelo desaparecido.

También hay hombres que les gusta vestirse de mujeres, usan pelucas, recurren al travestismo, son extremadamente sensibles, están muy pendientes de los detalles de la apariencia de su persona y de su casa.

El Señor dice en Deuteronomio 22, 5:

"La mujer no llevará ropa de hombre ni el hombre se pondrá vestido de mujer, porque el que hace esto es una abominación para Yahvé tu Dios"

Amén de más investigación sobre el tema, hemos observado que una raíz de la conducta homosexual pudiera estar asentada en las personas que han perdido un gemelo del sexo opuesto en el vientre. Esta conducta puede fortalecerse en el tiempo con diversos factores como una falta de formación sexual adecuada, abusos sexuales en la niñez, o padres que no han sido para ellos un modelo apropiado de hombre o de mujer.

Nos preocupa, además, la influencia que han ejercido los medios de comunicación en este tema de la homosexualidad, pues muestran este trastorno como si se tratara de algo normal, e incluso hay caricaturas en las que el hombre o la mujer fácilmente se transforman en el sexo contrario. Esto contribuye a aumentar la confusión en una persona que, de por sí, está buscando respuestas sobre lo que siente o lo que está viviendo de manera inconsciente.

Como ya mencionamos, existen casos en los que probablemente se queda una parte física del gemelo desvanecido en el cuerpo del sobreviviente, y sospechamos que también podrían quedarse hormonas o sustancias mezcladas que impulsan a la persona a actuar como si tuviera algo del sexo opuesto. Hacemos un exhorto a investigar más en este ámbito.

La Dra. Dora Virginia Chávez Corral, Morfóloga con especialidad en embriología, asegura que la transferencia de sustancias puede darse en gemelos del sexo contrario, sobre todo si la implantación, es decir, el momento de llegar al vientre, fue muy cerca entre un gemelo y otro. Al momento de llegar al vientre podrían separarse o seguir juntos. *"Si la circulación está ahí tan cerca puede haber transferencia de sustancias de todo tipo"*, señala la Doctora.

Un testimonio que en este tema nos llamó particularmente la atención es el de Leticia, que ella narra a continuación:

TESTIMONIO DE LETICIA

"Descubrí mi experiencia con un gemelo gracias a los talleres que asistí en el Centro San José[2], principalmente en el taller de Jesús Libera II y Enfoque. Al ir recopilando recuerdos y situaciones, pensé que probablemente tenía un gemelo masculino. Recordé que ejecuté una carrera propia de hombres, y esto me hizo pensar en la muy grande probabilidad de la existencia de un hermano.

En una ocasión, en un enfoque, se me vino a la mente la imagen de un feto que estalló. Así confirmé esta presencia. Tuve la sensación de que, cuando Dios nos mandó a este mundo, llegamos como una sola célula, y cuando mi gemelo se desprendió y poco a poco se alejó de mí, sentí su tristeza. Yo sentí en mi pecho, mucho

---

[2] *El Centro San José es un lugar de oración y atención personal para la sanación interior, ubicado en la Ciudad de Chihuahua, Chihuahua, México. El Centro pertenece a la Sociedad de Nuestra Señora de Guadalupe, son centros ubicados en diferentes partes del mundo.*

dolor y angustia.

En una oración posterior para entregar a mi gemelo (que Dios me dijo que se llama "José") recordé que en mi niñez tenía una atracción por algunas niñas, esto me pasó por muchos años sin tener ninguna experiencia lésbica y al mismo tiempo me gustaban los niños de sexo opuesto siendo más fuerte ésta atracción por mucho. Llegué a pensar en la posibilidad de ser bisexual en algún momento de mi vida.

*Otra situación que Dios me llevó a aceptar la existencia de "José" en mi vida es que en la pubertad presenté una enfermedad hormonal denominada **hirsutismo** que es el crecimiento excesivo de vello en la mujer. Me creció vello en la barbilla, cuello, areolas mamarias, tórax, en área inmediatamente superior o inferior al ombligo, no muy notoria en mí, pero si representaba algo incómodo por ser mujer. Me dieron un tratamiento de hormonas para contrarrestar ésta presencia de vellos en las áreas descritas.*

Haciendo memoria, mi madre me comentaba que si presentó sangrado al inicio de su embarazo, sin percatarse de un embarazo doble.

Me considero una persona autosuficiente y siempre me ha gustado tener mi propio dinero y valerme por mi misma. Considero que esto se debe, un poco o un mucho, a lo que me quedó del carácter de José".

Una hipótesis que invitamos a corroborar es que una parte del gemelo desaparecido se queda en la persona, incluyendo a veces una parte física y hormonal, de ahí muy probablemente se genera una confusión de identidad en la sexualidad. El individuo puede presentar atracción hacia personas del mismo sexo, debido a las hormonas que se quedaron de su gemelo, o al tratar de buscar el amor que le hizo falta. Así también, vemos como el demonio se vale de todo esto para engañar a la persona y reforzar su falsa creencia de que es homosexual, o bisexual.

Ahora Leticia está casada pero ¿qué hubiera sucedido si continuara con el engaño? ¿estaría pasando un calvario físico, emocional y espiritual, como lo vemos en tantas personas engañadas por esta causa?

Así, por el hecho de haber tenido un gemelo varón, muchas mujeres, ni siquiera perciben la valiosa vocación que Dios les ha regalado en su género. San Juan Pablo II, en su Carta Apóstolica Mulieris Dignitatem (Dignidad de la mujer), nos habla de que, en pro de defender sus derechos, la mujer no tiene que "masculinizarse" para vivir en plenitud:

"La mujer —en nombre de la liberación del «dominio» del hombre— no puede tender a apropiarse de las características masculinas, en contra de su propia «originalidad» femenina. Existe el fundado temor de que por este camino la mujer no llegará a «realizarse» y podría, en cambio, deformar y perder lo que constituye su riqueza esencial. Se trata de una riqueza enorme. En la descripción bíblica la exclamación del primer hombre, al ver la mujer que ha sido creada, es una exclamación de admiración y de encanto, que abarca toda la historia del hombre sobre la tierra."

Algunas personas experimentan una gran necesidad de estar con gente del mismo sexo, y esto puede deberse a la existencia de un gemelo de su mismo género. De ahí también puede surgir la confusión de identidad y el demonio comienza a sembrar mentiras haciéndolos creer que son homosexuales o lesbianas, cuando únicamente extrañan a un hermano y necesitan su cercanía. Esto puede agravarse cuando ha habido algún abuso sexual en la niñez o en la juventud.

Todos estamos buscando la felicidad, tocamos diferentes puertas con tal de encontrarla y muchas veces, al final, el vacío continúa en nosotros, nos roba la paz y no encontramos la plenitud anhelada. Por eso Jesús nos dice en Juan 10, 9-10:

"Yo soy la puerta. Todo el que entre en el corral de las ovejas por esta puerta, estará a salvo, y sus esfuerzos por buscar el alimento no serán en vano. El ladrón va al rebaño únicamente para robar, matar y destruir. Yo he venido para dar vida a los hombres y para que la tengan en plenitud."

Este es el deseo de Jesús para todos nosotros: una vida en abundancia, pero el enemigo nos engaña presentándonos atractivos que solo proporcionan a veces un bienestar momentáneo para después cobrarlo con la muerte. Jesús explica el engaño que ejerce el enemigo en Juan 10, 1-4:

"Les aseguro que quien no entra por la puerta al corral de las ovejas, sino por cualquier otra parte, es ladrón y bandido. El Pastor de las Ovejas entra por la puerta. A este le abre el guardián para que entre, y las ovejas escuchan su voz; El llama a las suyas por su nombre y las saca fuera del corral. Cuando han salido todas las suyas, se pone al frente de ellas y las ovejas lo siguen, pues conocen su voz"

El Padre Dizán Vázquez, estudioso del tema y además investigador e historiador, declaró lo siguiente a un periódico de la Ciudad de Chihuahua, en febrero de 2014:

"...en las uniones entre personas del mismo sexo, que se incluye aquel tipo de relación carnal propia de la pareja heterosexual, es desaprobada por la Iglesia porque la considera

contra natura, lo cual es corroborado por las consecuencias tanto en la salud física y psicológica que tienen quienes practican este tipo de relaciones."

El Padre señaló que esta postura a diferencia de lo que se cree *"no es en contra de las personas, sino todo lo contrario, se trata de reconocer su propia dignidad y protegerlas contra un daño grave que la medicina ha probado que existe"*, dijo.

También se refiere a las consecuencias físicas, psicológicas y espirituales que vive una persona con relaciones homosexuales, y cómo esto ha sido demostrado a través de estudios científicos:

"La noción de matrimonio, y eso lo sobreentienden los defensores del matrimonio gay, comporta necesariamente la relación sexual entre los contrayentes, a no ser que por alguna causa extraordinaria no puedan realizarla temporalmente o por el resto de su vida. Además, la relación sexual entre hombre y mujer no sólo es ineludible, sino que es fuente no sólo de placer sino de crecimiento espiritual y de salud física y psicológica de los esposos. Esto no sucede en las relaciones homosexuales, sino todo lo contrario, como lo han demostrado serios estudios científicos que no cito aquí por la brevedad del espacio, pero que están a disposición del que los quiera. Por principio de cuentas, la descripción de las relaciones de una pareja heterosexual, por muy cruda que parezca o por inconveniente que sea fuera del contexto adecuado, no deja de tener su propia belleza que proviene de lo natural, de lo original, y para el creyente, de lo planeado por el mismo Dios. ¿Se puede decir lo mismo de una descripción detallada de la relación homosexual? Pero más allá de lo que podría parecer una simple cuestión de gustos, la realidad nos habla de las consecuencias devastadoras de este tipo de relaciones."

"Entre las muchas investigaciones que hay al respecto, me voy a referir a un estudio presentado por el Dr. John R. Diggs. Jr., titulado "The Health Risks of Gay-Sex", dividido en cinco áreas: 1. Niveles de promiscuidad, 2. Salud física, 3. Salud mental, 4.Expectativas de vida, y 5. Monogamia y fidelidad.

1. *Niveles de promiscuidad. Antes de la irrupción del Sida, en 1978, un estudio en Estados Unidos mostró que el 25 por ciento de varones homosexuales blancos habían tenido relaciones con más de cien hombres diferentes; el 15 por ciento con entre 100 y 249; el 17 por ciento de 250 a 499; el 15 por ciento de 500 a 999 y el 28 por ciento con más del mil. Hoy, pasado el primer susto del sida, la promiscuidad está llegando a los niveles de los años setenta. De 1994 a 1997, en San Francisco California, las relaciones, mayoritariamente entre jóvenes, subió del 23.6 por ciento al 33.3. Significativamente, el porcentaje de promiscuidad entre los que se declaran públicamente gays en relación con los que permanecen en el closet es cuatro veces mayor.*

2. *Salud física. El sexo entre hombres tiene muchas más probabilidades de causar enfermedades que la actividad heterosexual y esto es precisamente por la forma como el primero se lleva a cabo, que es la habitual mientras que en la segunda es ocasional. Entre las enfermedades que se dan con mucho más frecuencia en parejas homosexuales están: desde luego el sida, pero también el cáncer anal y por lo menos otras once más. La sífilis, por ejemplo, se da 85% más veces en parejas gays que en las heterosexuales (King County, Washington, Seattle, 1999). A estas enfermedades hay que añadir otros problemas físicos asociados con practicas homosexuales como las hemorroides, fisuras, etc.*

3. *Salud mental. Muchos estudios relacionan altas tasas de enfermedades psiquiátricas con las practicas homosexuales, entre ellas, depresión, abuso de drogas, intentos de suicidio. Algunos explican esa incidencia por presión de la homofobia a que están sujetos los gays, pero estudios llevados a cabo en Holanda, donde la aceptación social de la homosexualidad, incluyendo el matrimonio legalizado hace tiempo, es mucha más grande, muestran la persistencia de tales afectaciones.*

4. *Expectativas de vida. La gran incidencia de enfermedades físicas y mentales entre los homosexuales activos lleva, obviamente a un menor promedio de vida. Un estudio hecho en Canadá, que abarcó de 1987 a 1992, reveló que la expectativa de vida de los que practican sexo homosexual se reduce en un promedio de 20 años. Por ejemplo, la probabilidad de que una persona homosexual o bisexual de 20 años llegue a los 65 era de 32 por ciento, mientras que para hombres en general era de 78 por ciento. Una expectativa de vida mucho menor que la de los que fuman, que es del 13.5 por ciento.*

5. *Monogamia y fidelidad. Otro estudio en Estados Unidos muestra que mientras el 94 por ciento de heterosexuales casados y el 75 por ciento de los que simplemente cohabitan tienen sólo una pareja sexual durante el primer año de vida en común, el 66 por ciento de los homosexuales, especialmente hombres, han tenido relaciones con otro durante el primer año de convivir con su pareja. Este porcentaje se eleva al 90 por ciento en los siguientes cinco años. Otro estudio mostró que solo el 15 por ciento de gays y el 17.3 de lesbianas tuvieron una relación monogámica fiel que duró más de tres años.*

Nuestra postura, como parte de la Iglesia Católica, es la de incluir y acoger a todas las personas, pues estamos hechos a imagen y semejanza de Dios, y así también la de brindar ayuda al cuerpo lastimado de Cristo. Por ello, aquellas personas que quieran salir del engaño, y vivir una vida en Cristo, que es la plenitud, les recomendamos orar y pedir a Dios su sanación y el conocimiento de la verdad.

Jesús nos dice en Juan 6, 35-40:

"Yo Soy el Pan de Vida. El que viene a mí no volverá a tener hambre; el que cree en Mí, nunca tendrá sed. Pero ustedes, como ya les he dicho, no creen, a pesar de haber visto. Todos los que me da el Padre vendrán a mí, y **yo no rechazaré nunca al que viene a mí**. *Porque yo he bajado del cielo, no para hacer mi voluntad, sino la voluntad del que me envió. Y su voluntad es que yo no pierda ninguno de los que él me ha dado, sino que los resucite en el último día. La voluntad de mi Padre es que todos los que vean al Hijo y crean en el tengan vida eterna, y yo los resucitaré en el último día."*

Aquí Jesús nos da un mensaje muy claro de que sus brazos están abiertos para recibir a todos sin distinción y para proporcionar su amor incondicional, sin importar las circunstancias en las que cada persona esté viviendo. Él es el pan de vida, que no solamente llena el estómago, sino la necesidad de amor y de aceptación. Él es el que sacia la sed de nuestro espíritu y de nuestra alma. Él es el que puede sanarnos y darnos una vida nueva. Jesús ha venido para que tengamos vida, y la tengamos en abundancia (Juan 10, 10).

El Señor respeta nuestra libertad y no nos obliga a nada por eso nos dice en Deuteronomio 30, 15-20:

"Mira, hoy pongo ante ti vida y felicidad, muerte y

desgracia. Si escuchas los mandamientos del Señor tu Dios, que yo te escribo hoy, amando al Señor tu Dios, siguiendo sus caminos y observando sus mandamientos, sus leyes y sus preceptos, vivirás y serás fecundo, y el Señor tu Dios te bendecirá a la tierra a la que vas a entrar para tomar posesión de ella. Pero si tu corazón se desvía, si no escuchas, si te dejas arrastrar y te postras ante otros dioses y les das culto, yo declaro hoy que ustedes morirán irremediablemente; no vivirán mucho tiempo en la tierra en la que entrarán para tomar posesión de ella después de pasar el Jordán. Pongo hoy por testigos contra ustedes al cielo y a la tierra: ante ti están la vida y la muerte, la bendición y la maldición. Elige la vida y vivirán tú y tu descendencia, amando al Señor tu Dios, escuchando su voz y uniéndote a Él, pues Él es tu vida y el que garantiza tu permanencia en la tierra, que el Señor juró dar a tus antepasados, a Abraham, Isaac y Jacob."

ORACIÓN

Señor Jesús dame el regalo de la fe en ti para que, al conocer que eres Amor, pueda hacer la voluntad de Dios como tú la hiciste. Ayúdame a sentir todo el amor incondicional que tienes por mí, a darme cuenta de que bajaste del cielo para resucitarme desde este mundo. Dame la gracia de conocerme y amarme como tú me amas y me conoces; dame la gracia de valorarme como un hijo tuyo. Amén.

Existen otras formas de confusión de identidad. A veces el padre o la madre encuentran, de manera inconsciente, a su gemelo o gemela en algún hijo y le dan un trato de hermano, más que de padre.

Una jovencita comentaba: "ahora ya sé por qué mi papá me ha tratado como hermana y no como una hija, el descubrió hace poco tiempo la existencia de una gemela."

Otras personas quieren tener una relación de hermanos con sus esposos, aún ya estando casados, de alguna manera, piden ese tipo de relación, que generalmente, se torna muy problemática.

En un grupo de terapia había dos personas, un hombre y una mujer, que habían descubierto a un gemelo del sexo contrario. El compartió que había cosas de los hombres que no le agradaban, como pasarse el día viendo futbol, en cambio si disfrutaba arreglarse casi como mujer, poner mucho cuidado en el cabello, las cejas y la nariz. Por su parte, la joven dijo que no le gustaban las cosas de mujeres, como llorar por todo, sin embargo si le apreciaba el box y andar como hombre.

Muchas personas a lo largo de esta investigación, nos han compartido sus experiencias acerca de la confusión de identidad. Como muestra de esto, elegimos los dos casos que están a continuación, por el cambio que implicó en su vida haber descubierto a un gemelo desaparecido.

TESTIMONIO DE ROSY

Rosy tenía 35 años cuando llegó a tomar los talleres que impartimos en el Centro San José. Se veía bonita, alta, guapa, pero vestida de una forma masculina y con un gran sufrimiento por la mala relación con su mamá y con un hermano. Ella nos cuenta su historia:

"Desde chica yo quería sobre proteger a mi hermano, como si yo fuera su mamá. Estuve con él en la escuela, desde la

primaria, secundaria y prepa. Los maestros me decían cuando andaba mal en sus calificaciones o en conducta, porque sabían que yo lo cuidaba, me sentía muy responsable de cualquier cosa que le pasara.

Recuerdo que una vez mi hermano se quemó y mi mamá no estaba, yo me asusté pero sobre todo cargué con toda la culpa, como si hubiera sido un descuido mío. "Pobrecito" decía siempre, aunque el fuera el culpable de sus travesuras. De adolescente lo sacaba de las cárceles, de las cantinas y hasta de la casa de citas.

Más tarde en su juventud y de adulto lo salvaba de sus deudas y de todos los problemas en que se metía por su alcoholismo. Siempre tenía miedo de que se muriera o algo le pasara.

Me sentía muy culpable si no lo protegía o no lo ayudaba, al grado de que en una ocasión me fui manejando ocho horas recién operada con tal de llevarlo a un centro de rehabilitación. Fue tanto el descuido de mi persona por salvarlo de la adicción, que después regrese al hospital porque se me abrieron las suturas de mi herida.

Ahora me doy cuenta de que todo esto lo hacía porque en mi hermano estaba viendo a ese gemelo hombre que se fue y no lo pude salvar. Seguramente desde el vientre creía que no había estado más conmigo porque no lo cuidé lo suficiente.

Aparte de la culpa que siempre cargaba en la vida, tenía confusión de identidad, como si quisiera vivir la vida de ese hermano que venía conmigo y no sobrevivió.

En algunas ocasiones me vestía con pantalón de mezclilla, con tenis, y hasta me corté el pelo como hombre, me acostumbré a vestirme y arreglarme con pocos detalles femeninos como los que veo en mis amigas, que traen maquillajes, pinturas, zapatos de tacón alto y cosas así.

El que me dijeran que no podía hacer algo de lo que los hombres hacen, me motivaba para hacerlas con mayor empeño, montaba a caballo o cargaba los cilindros de gas, llegué a lastimar gravemente mi columna con tal de hacer trabajos pesados que sólo pueden realizar los hombres.

Ahora comprendo por qué me gustó andar con los niños, más que con las niñas y jugar a los carritos.

Desde siempre decía: "yo busco un amigo no un novio" y presumía a mis amigos.

A los 24 años me animé a tener un novio, duró poco la relación y después volví a lo mismo de tener puros amigos, decía: "si quieren solamente mi amistad está bien".

Si veía en el muchacho algún interés diferente lo alejaba y me decía: "como que no entienden".

Ahora comprendo que yo buscaba inconscientemente a mi hermano perdido desde el vientre

Cuando descubrí a mi gemelo, en una terapia de oración, me sentí en el vientre de mi madre con una sensación de que todo estaba oscuro. Yo tenía mi mano como agarrándolo, y ahí veía como una luz pero me decían libéralo.

Entré a esa luz y luego me salí, era una sensación de tristeza pero también como de paz, ahora ya no sentía culpa de que se fuera. Aunque no lo quería soltar, estaba aferrada con mi mano izquierda, pero cuando escuché libéralo ya no lo detuve.

Desde que descubrí que tuve un gemelo me he sentido más

libre, aunque al principio haya pasado dos horas llorándolo.

Ahora me puedo comprender más, en los momentos en que me quiero culpar o quiero rescatar a mi hermano. Ya pude decirle una vez: "ese infierno tu elegiste vivir" como quitándome esa culpa falsa que siempre cargué.

Gracias a Dios a partir de ahí todo me lo ha puesto, porque me mandó el que ahora es mi esposo. Yo decía que no me iba a casar, que tal vez tenía otra misión, pero al poco tiempo de saber de la existencia de mi gemelo me encontré a ese hombre, al cual le pude decir un sí como pareja, para toda la vida, ya no podía andar buscando en los muchachos a un hermano perdido desde los primeros días en el vientre. Ahora me siento muy feliz y realizada como mujer y como madre pues tengo una preciosa hija.

Ahora entiendo más las cosa: no me juzgo, no cargo con culpa y con responsabilidades que no me tocan, veo a mi esposo realmente como mi pareja, sin rescatarlo ni tomar el papel de mamá o de hermana protectora."

Así como Rosy, hemos encontrado muchos casos de mujeres jóvenes que no se han casado, teniendo ya más de treinta años, porque han tomado el papel de mamá protectora, han querido hacer el papel de hombre o tratan a los hombres como hermanos y no como una posible pareja para el matrimonio.

TESTIMONIO DE RAFAEL

Rafael estaba en un centro de rehabilitación para adictos. Él contaba que siempre había tenido mucha confusión en su vida, que cuando era niño jugaba con su hermana como si él fuera mujer, hasta le decía que era su amiga.

Más tarde se dio cuenta de que le atraían los hombres, y empezó a tener relaciones con ellos, pero no sentía ninguna satisfacción física. Se quedaba más vacío y triste que antes.

Siempre dormía abrazado de una almohada, como que esto le daba cierta seguridad al irse a la cama.

En un acompañamiento de Enfoque Bioespiritual se dio cuenta de la existencia de su gemela que siempre había extrañado. Sentía como un hueco, un gran vacío en el centro de su pecho. Acompañó la tristeza que tenía y las ganas de llorar que siempre lo habían acompañado. Después pudo entregar a su gemela.

Al darse cuenta de esa realidad y al explicarle que hay confusión de identidad cuando existe un gemelo o gemela, pudo perdonarse y entender muchas cosas. Como que ahora todo "encajaba", además se sentía agradecido con Dios porque él siempre había pedido que le diera una respuesta a sus inquietudes y a las fuertes luchas que había tenido toda su vida, porque sabía que no estaba bien lo que hacía, pero no podía con la situación.

¿QUÉ PUEDO HACER?

Cuando la persona ha descubierto la existencia de un gemelo desvanecido y ha reconocido los efectos que en ella ha dejado, especialmente la confusión de identidad, les sugerimos:

- Iniciar un proceso de sanación emocional y espiritual encaminada a reafirmar su identidad y su misión en esta vida.
- Con la ayuda de Dios, decidirse a vivir una vida en castidad, que significa disfrutar de las relaciones heterosexuales de acuerdo al plan de Dios, en monogamia,

o bien abstenerse de ellas si no hay el compromiso de una pareja formada entre un hombre y una mujer.

- En caso de ser necesario: acudir a un tratamiento físico, de suministro de hormonas, y bajo prescripción médica.
- Así también les sugerimos orar y pedirle a Dios la gracia de su sanación.

A continuación presentamos una serie de oraciones para las personas que han descubierto un gemelo del sexo opuesto o que tengan la sospecha de tenerlo. Esto les ayudará a reafirmar la identidad y a regresar al gemelo todo aquello que se quedó en la persona.

ORACIÓN PARA REAFIRMAR LA IDENTIDAD SEXUAL COMO HOMBRE

Si eres hombre, te invitamos a hacer la siguiente oración:

Consagra tu imaginación al Espíritu Santo. Imagínate de niño: como te vestías, como te peinabas, quien vivía contigo. Y ahora ve más atrás, imagínate de bebé: quien estaba contigo, donde vivían, como sería mamá y papá. Si te ayuda, puedes recordar una fotografía tuya en esa etapa de tu vida Y ahora ve más atrás. Imagínate en el vientre de mamá, ahí estás flotando en el agua. Y ve más atrás cuando eras un punto pequeño y acababas de ser concebido.

Observa como Dios te habla de una persona que te va a ayudar en tu vida, como ejemplo y guía: es José, el papá de Jesús que también es tu papá. Imagina su rostro amable. Es un hombre fuerte, amoroso, protector, seguro, presente en las necesidades.

Papá José te va a acompañar durante tu vida para ayudarte a cumplir tu misión como hombre.

Observa como es estar en el vientre de mamá. Date cuenta de que San José está ahí, pendiente en la gestación. Ve como Jesús sana a través de papá José las carencias y necesidades que tuviste de tu padre biológico en el vientre de tu mamá. Ellos entienden y validan el enojo que quizá hayas guardado con tu papá biológico porque no estaba, por su forma de ser o por la forma en que trataba a mamá. Quédate escuchando un momento ese enojo, identifica donde lo sientes en tu cuerpo y dile que ya sabes que está ahí.

Si tu papá biológico te rechazó o querían una niña, tal vez quedó la creencia de que "es malo ser hombre", o cualquier otra creencia. Quédate un momento en silencio, y escucha como Jesús te dice la verdad en su Palabra: "Y Dios creó al hombre y vio que era muy bueno"

Y al nacer, José te toma en sus brazos fuertes y amorosos. Recibe esa seguridad y todo lo que tu papá biológico no te pudo dar.

Siente como te cuida y te da esa figura paterna que necesitas. Y así va proveyendo todas tus necesidades físicas y emocionales mientras vas creciendo. Él está presente, juega contigo, te abraza, te acompaña y te da seguridad.

Observa cómo te defiende de cualquier abuso físico, emocional o sexual que hayas recibido en tu niñez. Te da todo el amor que necesitas. Pídele a Jesús que restaure tu sentido de valía como hombre.

Al llegar la adolescencia, esa etapa tan importante donde se define la identidad, San José sigue presente. Ve cómo te enseña los modales de un caballero, la forma de comportarse, de caminar, de hablar, de mover las manos y de cuidar tu cuerpo, que es un templo sagrado. Te muestra la verdad de tu sexualidad como hombre, y su educación acerca de ella. Te habla acerca de ese tema y te instruye.

Pídele que te de todo lo que te hizo falta para reafirmar tu identidad como hombre.

Con él puedes hablar acerca de tu futuro, de tus planes, de lo que te gustaría. Recibe toda la escucha, aceptación y amor de su parte.

Reflexiona ¿qué más me gustaría preguntar a papá José acerca de mi identidad sexual? Haz un silencio para escuchar lo que te dice.

Pídele que esta semana te siga acompañando y te vaya mostrando la verdad de tu misión y de tu identidad. Pídele que puedas escuchar lo que quiere mostrarte a través de los hechos y personas que encuentres en tu camino estos próximos días.

Dale gracias a Dios por lo que te mostró en esta oración.

Si deseas profundizar más en esta oración, te recomendamos leerla con calma y después hacerla con los ojos cerrados dejándote guiar por el Espíritu Santo. Puedes hacerla tantas veces como necesites.

ORACIÓN PARA REAFIRMAR LA IDENTIDAD SEXUAL COMO MUJER

Si eres mujer, te invitamos a hacer la siguiente oración:

Consagra tu imaginación al Espíritu Santo. Imagínate de niña: como te vestías, como te peinabas, quien vivía contigo. Y ahora ve más atrás, imagínate de bebé: quien estaba contigo, donde vivían, como sería mamá y papá. Y ahora ve más atrás. Imagínate en el vientre de mamá, ahí estás flotando en el agua. Y ve más atrás cuando eras un punto pequeño y acababas de ser concebido.

Observa como Dios te habla de una persona que te va a ayudar en tu vida, como ejemplo y guía: es mamá María. Observa su imagen amorosa, sonriente. Es una mujer dulce, sencilla, tierna, delicada, llena de amor para dar.

Dios te dice que mamá María te va a acompañar durante tu vida para ayudarte a cumplir tu misión como mujer.

Observa como es estar en el vientre de mamá. Tal vez fue difícil. Entonces Jesús te toma en sus manos y te lleva al vientre de la Virgen María. Ve como a través de María, recibes todo lo que te hizo falta de tu madre biológica. Jesús, a través de María, va sanando todas las carencias y necesidades que hubo.

Siente toda la paz y la aceptación de estar en el vientre de María. Siente todo el amor, la dulzura y la dignidad de ser mujer.

Ve como María y Jesús entienden y validan el enojo que quizá hayas guardado con tu madre biológica por rechazarte como mujer, por los abusos que permitía de los hombres, por no estar como tú necesitabas. Quédate escuchando un momento ese enojo, identifica donde lo sientes en tu cuerpo y quédate un momento con él, permitiendo que esté ahí.

Si tu madre biológica te rechazó o querían un hombre, tal vez quedó la creencia de que "es malo ser mujer", o cualquier otra creencia. Quédate un momento en silencio, y escucha como Jesús te dice la verdad en su Palabra: "Y Dios creó a la mujer y vio que era muy buena"

Recibe del vientre de María toda la dignidad de ser mujer, la alegría de ser femenina. Siente como se deja proteger y cuidar por José y como recibe de él lo que necesita. Ve como está tranquila de tener su rol. Siente esa seguridad.

Ha llegado el momento de nacer. Ve como María te toma en sus brazos dulces y tiernos. Recibe ese amor. Te ve a los ojos y con su mirada te hace ver la criatura hermosa que eres como mujer. Siente como te arrulla, te canta, y te da esa figura materna que necesitas.

Y así va proveyendo todas tus necesidades físicas y emocionales mientras vas creciendo. Ella está presente, juega contigo, te abraza, te acompaña y te da esa seguridad de ser mujer.

Observa cómo te defiende de cualquier abuso físico, emocional o sexual que hayas recibido en tu niñez. Te da todo el amor que necesitas. Pídele a Jesús que restaure tu sentido de valía como mujer.

Al llegar la adolescencia, esa etapa tan importante donde se define la identidad, María sigue presente. Ve cómo te enseña a cuidar y a respetar tu cuerpo. Te habla acerca de la forma de comportarse y de lo maravilloso que tiene una mujer en su misión. Te hace ver que la mujer puede dar vida, compartir su amor con los hijos y su esposo, crear belleza y armonía a su alrededor, transmitir el amor de Dios con su dulzura. Te muestra la importancia de ser madre y esposa.

Te sigue mostrando la verdad de tu sexualidad, y su educación acerca de ella. Te sigue hablando acerca de este tema. Ve cómo te da todo eso que te hizo falta.

Con ella puedes hablar acerca de tu futuro, de tus planes, de lo que te gustaría. Recibe toda la escucha, aceptación y amor de su parte.

Reflexiona y pregúntate: ¿qué más me gustaría preguntar a María acerca de mi identidad sexual? Haz un silencio para escuchar lo que te dice.

Pídele que esta semana te siga acompañando y te vaya mostrando la verdad de tu misión y de tu identidad. Pídele que puedas escuchar lo que quiere mostrarte a través de los hechos y personas que encuentres en tu camino estos próximos días.

Tal vez quieras pedirle a María, la gracia de dormir en su vientre todas las noches, para que Jesús te siga sanando.

Dale gracias a Dios por lo que te mostró en esta oración.

Si deseas profundizar más en esta oración, te recomendamos leerla con calma y después hacerla con los ojos cerrados dejándote guiar por el Espíritu Santo. Puedes hacerla tantas veces como necesites.

ORACIÓN PARA ENTREGAR IDENTIDAD Y MISIÓN DEL GEMELO DEL SEXO OPUESTO

(DI EL NOMBRE DE TU GEMELO O GEMELA, SI NO HAS DESCUBIERTO SU NOMBRE PUEDES DECIR UNICAMENTE "GEMELO"): en el nombre de Jesús y por el poder de Su Sangre Preciosa, te regreso todo lo que es tuyo y se haya quedado en mí, cuando estábamos juntos en el vientre de mamá. Te devuelvo tú identidad como (hombre o mujer), tus actitudes, tus sentimientos, tus pensamientos y la misión que estaba grabada en tu alma. Te regreso toda sustancia, célula, hormona y cualquier aspecto físico que te pertenezca. En este momento, en el nombre de Jesús restauro en mí el plan original que Dios pensó; restauro y reafirmo mi identidad (como hombre o mujer).

En el nombre de Jesús y por el poder de Su Sangre Preciosa ato todo espíritu de homosexualidad, bisexualidad, confusión de identidad y de rechazo a mi sexo que se haya quedado en mí; mando todo esto a los pies de Cristo y le ordeno que no me moleste más ni a mí ni a nadie. (TRES VECES ESTE PÁRRAFO)

En el nombre de Jesús, le ordeno a Satanás y a sus súbditos que no me vuelvan a engañar; yo pertenezco a Jesús y le entrego a El mi identidad para que la resguarde; me proteja; me mantenga en la verdad, en la castidad y en la pureza.

En el nombre de Jesús acepto la misión para la que fui creado (a) con el sexo que Dios me dio.

Agradezco a Jesús que murió por mí y ha roto las cadenas del mal, del engaño y de la mentira.

(Si soy hombre)

Le pido a San José que me muestre los comportamientos, actitudes, el rol y la misión que Dios tiene para mí como hombre, para reafirmar cada vez más mi masculinidad, y pueda vivirla en plenitud. Amen, amen, amen.

(Si soy mujer)

Le pido a la Santísima Virgen María que me muestre los comportamientos, actitudes, el rol y la misión que Dios tiene para mí como mujer, para reafirmar cada vez más mi feminidad, y pueda vivirla en plenitud. Amen, amen, amen.

ORACIÓN CON LA SAGRADA FAMILIA

Ven Espíritu Santo, te consagro mi imaginación para que vea y conozca la verdad de tu plan divino y acepte vivirlo.

Imagina que vas por un camino de tierra y llegas a la casa donde viven José, María y Jesús.

Tal vez quieras imaginar esa casita. Contempla a María en su hogar mientras realiza sus actividades, observa cómo se comporta, como hace cada cosa. Date cuenta de su ternura, de su amor y delicadeza. Siente la seguridad y la dignidad que tiene de ser mujer, de ser esposa y madre y como transmite todo su amor al esposo y al hijo.

Contempla también a José: su trabajo, su fuerza y a la vez su ternura, observa como alegremente realiza lo que hace para proveer a su familia lo necesario. Ve como trata a María y a Jesús: los protege, les da amor y ternura, les da su lugar y respeta su gran dignidad. Observa como María se deja cuidar por el, y recibe lo que le entrega con mucho amor.

Siente la armonía que hay en esa Familia, donde cada uno realiza lo que corresponde según su rol, sin reclamar o pelear, ni tratar de tomar el lugar del otro.

Contempla la seguridad que José tiene como hombre y como la transmite a su familia.

Al observar el ejemplo que Dios nos puso como familia: date cuenta cuál es tu rol como hombre o como mujer y que tan grande es tu dignidad, la importancia que tiene cada misión, pues Dios pensó en ti desde toda la eternidad para realizar esa misión como hombre o como mujer.

Mientras los sigues contemplando, pídele a Dios que te llene de esas virtudes y esas gracias para aceptar con alegría Su plan de amor. Amén.

Te recomendamos que todos los días, cuando menos unos minutos, sigas asistiendo en oración a la casa de Nazaret, con José, María y Jesús, para platicar con ellos y ser escuchado, recibir sanación, guía y libertad en su Presencia; o simplemente para dormir en su casa rodeándote de su amor.

CREENCIAS FALSAS O PARADIGMAS

Un paradigma es - desde fines de la década de 1960- un modelo o patrón en cualquier disciplina científica. El término tiene también una concepción en el campo de la psicología refiriéndose a acepciones de ideas, pensamientos, creencias incorporadas como verdaderas o falsas sin ponerla a prueba de un nuevo análisis. (Wikipedia.com).

Hay muchos tipos de paradigmas que se han quedado anclados en nuestro sistema de creencias, a veces desde los primeros meses de gestación.

Cuando se muere un gemelo en el vientre, por lo general queda en el sobreviviente alguna creencia falsa o paradigma que influye el resto de sus vidas.

Algunas de las creencias que nos hemos encontrado con más frecuencia entre las personas que han tenido un "gemelo desvanecido" son:

- La gente no quiere estar conmigo
- Tengo que cuidar a mis hermanos para que no les pase algo
- Algo está mal en mí que me dejan
- He estado siempre sola o solo y así seguiré
- Tengo que sostener a otros para que no se mueran
- No merezco que me cuiden
- Estoy solo en el mundo
- No soy capaz de cuidar a la gente

- No merezco tener lo que otros no tienen
- No debería estar en este mundo.
- Soy culpable de todo lo que pasa a mí alrededor.

Estas creencias se graban a nivel inconsciente y pueden conducir la vida de la persona. Es como si hubieran programado una computadora para que funcionara siempre con ese parámetro o guía de vida.

Tuvimos el caso de un hombre que todo lo daba, se quedaba sin dinero, no podía comprarse algún vehículo, casa, inclusive ropa para él; vivía para otros. En tiempos de navidad se la pasaba sufriendo porque pensaba a cada momento en todos los niños pobres que no tendrían regalos o cena para ese día. Había fracasado en su matrimonio pero no se explicaba qué le pasaba. Después, se dio cuenta de que había tenido un gemelo y una gemela que no sobrevivieron. A partir de entonces tomó conciencia de que siempre había vivido con la creencia de que "no merecía tener lo que otros no tenían".

Esta el caso de otra persona que ha cuidado en demasía a sus hermanos, inclusive a sus papás, aunque ellos se resistan. Ha vivido con la creencia de que si él no los cuida, pueden morir.

Muchos viven con la creencia de que su gemelo se murió porque no fueron capaces de salvarlo aun cuando lo hayan intentado.

En una ocasión, un niño de 6 años que tenía un gemelo desvanecido, hizo toda la representación de lo que había pasado en el vientre. De todas las formas posibles, trató de que su gemelo reviviera, aun cuando sabía que su hermano había muerto. Quería conseguir electricidad, o cualquier medio que supusiera revivir a su hermanito. Utilizó mucha energía y comenzó a cansarse. Al final de todo, no quiso hablar más sobre eso, pues era difícil asimilar que su hermanito había muerto. Él vivía con la creencia de que tenía que cuidar a su primo y ser como un papá, pues también sentía que se iban a morir si no lo hacía. Poco a poco ha ido trabajando con esta parte de su historia.

Hay otras personas que son capaces de soportar abusos de amigos, de novios o de esposos pensando que tienen que sacrificar lo que sea para que no los dejen solos; han vivido con la creencia de que hay algo mal en ellos.

Una mujer tuvo un gemelo que murió al momento del nacimiento. El hijo de esta mujer también perdió a una gemela en el vientre. Debido a esto, la relación entre madre e hijo se ha complicado. Comentaban que en todo momento tienen mucho miedo de que le pase algo al otro, y se la pasan cuidándose obsesivamente.

Otra persona decía:

"He tenido la creencia de que él (mi gemelo) hubiera dado más alegría a mi familia y no sentía que merecía mi lugar, me he anulado y no me he sentido parte de la familia y eso ha dañado mi sentido de pertenencia

El deseo que tengo de morirme me dice que hubiera preferido irme yo. Me da envidia como él está en el cielo.

Tiendo a mostrarme distante con las personas porque creo que se van a ir y puedo sufrir; no me quiero encariñar con ellas. Creía que se iban a desilusionar de mí porque no era lo que esperaban. Consideraba imposible llenar las expectativas de la gente. De niña suspiraba por la ropa de hombre."

Una persona creía que su gemela se había ido porque no quería estar con ella, así es que siempre se aisló por miedo a ser abandonada nuevamente, todo esto de manera inconsciente. Si sus amigas no le hablaban por teléfono con frecuencia, ella pensaba que no querían invitarla, si algunas de sus hermanas iban a pasear, se quedaba sin decir nada pensando que no querían su compañía. Esto le causó retraimiento en sus relaciones familiares y de amistad.

El miedo a ser abandonada nuevamente la paralizaba para tomar iniciativas al salir con amigas porque siempre vivía pensando: "nadie quiere estar conmigo" y actuaba con base en esa creencia falsa.

Estos paradigmas se viven de manera tan inconsciente, que es casi como una orden interna que la persona obedece ciegamente.

En otro caso, nos compartieron el siguiente testimonio:

"He vivido con la creencia de que todos los que me acompañan me dejan y sufro mucho cuando alguien se muere, como dos amigas que tuve y mi abuelita. Viví con la creencia de que "quien está conmigo, lo pierdo. Siento que voy a perder todo".

Cuando alguien se va, yo lo quiero rescatar, con la creencia de que yo los pudiera detener. Como si quisiera controlar a Dios para salvar a los demás, para que estén bien, y cuando se mueren quisiera que resucitaran. Cuando una amiga murió sentí mucho dolor, mucha culpa, como si mi oración constante le hubiera evitado morir. Sentí enojo, impotencia, soledad. Me di cuenta de que vivía con la creencia de que "todo depende de mí".

También he sentido que las personas que están conmigo me mienten, pues así sentí cuando estaba con mis gemelos, creía que iban a estar siempre conmigo, pero cuando se fueron sentí que me mintieron. Se quedó en mi la creencia de "Ellos si están con Dios, ellos si son preferidos, y yo no estoy con Dios". Así cuando sentía que alguien cercano prefería a otra persona, me daba mucho enojo y celos, a raíz de esa creencia, pues no me sentía la elegida.

Sentía que las relaciones tenían que ser igual que con mis gemelos, pero hacer conciencia de eso y el decirme "no estoy con mis gemelos" me ayuda en la relación con otras personas. Ahora se que cada persona es distinta y cada relación puede llegar a diferentes lugares. Me ha servido para ser más yo y a vivir con más conciencia."

¿QUÉ PUEDO HACER?

Primero hay que preguntarle y pedirle al Espíritu Santo que muestre cuáles son las creencias que quedaron grabadas a raíz de la pérdida de un gemelo.

Al irlas identificando, una por una hay que preguntarle a Jesús: ¿Cuál es la verdad? En ese momento hay que hacer silencio hasta que se sienta una respuesta, que puede llegar con unas palabras, con recuerdos o con imágenes.

Cuando Jesús te haya dicho la verdad, puedes escribirla o grabarla en tu mente para estarla repitiendo, cada vez que venga la tentación de caer en ese engaño.

Por ejemplo, si la creencia falsa es "todos se van a ir", al preguntarle a Jesús puede mostrar recuerdos de cómo la familia ha estado presente y al pendiente de la persona. Con eso Jesús muestra que no todos se van a ir, sino al contrario, están presentes. Así, cada vez que la persona pueda sentir que "todos se van a ir" tiene que recordar estos momentos que Dios le mostró.

Es bueno saber que estos paradigmas son engaños que utiliza el enemigo, entonces hay que tratar de estar en gracia de Dios o repetir el nombre de Jesús mientras, en silencio, se espera la respuesta.

Si no tienes alguna respuesta, tal vez hay que ir a la raíz de la herida y buscar cuál es la creencia más profunda. Después hay que preguntarle a Jesús cuál es la verdad.

Si después de esto, aún no sientes la respuesta, puede ser que haya mucho enojo o resentimiento que primero debe ser atendido.

PATRONES DE COMPORTAMIENTO QUE SE REPITEN

De alguna manera, la vivencia que se tuvo con un gemelo en el vientre es la primera relación que se experimenta en la vida. Aunque ahí todavía se es muy pequeño, todo lo que se queda grabado en las células del cuerpo es muy importante y define en gran parte, la forma de comportarse en un futuro. Digamos que aquí, se aprende muy primitivamente a relacionarse con los demás. La forma de interactuar con el gemelo o gemelos se queda tan arraigada que se repite durante toda la vida, como se describe en la historia del Génesis con Jacob y Esaú.

Así, si en el vientre tratan de rescatar al gemelo para que no se muera, durante la vida siguen pretendiendo salvar a los demás, en especial a aquellos que de alguna manera sienten tan cercanos o desvalidos como el gemelo; o bien, si en el vientre, experimentan que el gemelo roba espacio o molesta y lo trata de alejar, vivirá apartando a aquellos que siente que le roban o le quitan espacio.

Esta forma de relacionarse se puede repetir con los hermanos de sangre, con los padres o hijos, con amigos muy cercanos, con novios o esposos, y/o con personas que se perciben como desamparadas.

La forma de relacionarse con el gemelo comienza desde la concepción, se desarrolla durante el camino al vientre y continúa al momento de llegar a la matriz. Así puede reproducirse este patrón durante la vida. Es como si ese camino al vientre representara el camino de la vida.

Hemos visto que de aquí, y de las creencias falsas que se quedaron cuando un gemelo murió, se derivan patrones que se repiten.

A continuación presentamos el caso de Libertad. Ella ha vivido rescatando a las personas, especialmente a sus parejas, debido a la experiencia que tuvo con su gemelo desaparecido.

CASO DE LIBERTAD

Cuando Libertad trabajó la experiencia de tener un gemelo desvanecido, entendió muchas cosas que pasaban en su vida.

En el vientre, ella llegó junto con un gemelo hombre. Al implantarse, el hombre le cayó encima y así estuvieron durante un rato. Libertad sentía que tenía que sostenerlo pues si no se iba a morir, sin embargo llegó un momento en el que se cansó y ya no pudo con él. El enojo iba creciendo, pues sentía que el gemelo no le ayudaba en nada así que se movió para quitarlo, y en ese momento el gemelo empezó a morir. Libertad, empezó a creer que era mejor estar sola y se grabó en su ser la creencia *"yo puedo sola"*. Se encerró en si misma gustosa de no tener que cargar, aunque solo con la sensación de querer dormir, con una tristeza y una desilusión profunda.

En ese momento tan primitivo de su vida, Libertad grabó en su ser la forma de relacionarse con los varones. Ella nos cuenta como se ha repetido este patrón en su historia. Cuando Libertad se casó, durante mucho tiempo trató de sostener emocionalmente a su marido, le brindaba apoyo, de alguna manera lo cargaba, como hacía con su gemelo. Sin embargo, llegó un momento en el que sentía que su marido no le ayudaba. Se dio cuenta de que permitía muchos abusos para que la persona no se fuera, pero después reaccionaba con enojo.

Se cansó de cargar y empezó a pedirle ayuda. Ahí comenzaron los problemas. Inconscientemente se resignó a que ya la iba a dejar, y muy en el fondo, como si se estuviera muriendo. Después de un tiempo, se divorciaron. Llegó la tristeza y la desilusión, pero también la sensación y la creencia de *"yo puedo sola"*.

Después comenzó otra relación y el patrón se repitió. Al principio rescataba y cargaba emocionalmente a su nueva pareja, pero llegó un momento en el que se cansó, y cuando ya estaban comprometidos para casarse, le regresó el anillo, después de haberse enojado grandemente porque no sentía ayuda de su parte. Nuevamente volvió la sensación de autosuficiencia y salió a relucir la creencia de *"no necesito a nadie"*, así como la desilusión y la tristeza.

La forma en la que había experimentado la relación con su gemelo en el vientre, la estaba reviviendo en sus relaciones con los hombres. Estaba viviendo un patrón en el que cargaba a la gente y cuando se cansaba explotaba.

TESTIMONIO DE CRISTAL

Cristal es una joven de 18 años. Es muy bella y ha tenido diversos pretendientes, algunos de ellos le han gustado y le ha ilusionado la idea de iniciar un noviazgo, sin embargo al final prefiere detenerse y no continuar. Empieza a decir que se siente presionada, que van muy rápido y no se siente cómoda.

Cuando Cristal comenzó a trabajar con sus gemelos descubrió que junto con ella, habían sido concebidos 5 hombres. De ahí comenzó a obtener respuestas por la forma que tenía de relacionarse con los varones. Se dio cuenta de que cuando iba en el camino hacia el vientre, dos de sus gemelos la iban empujando para que llegara más rápido. Se sentía presionada, decía que iban muy rápido y no se sentía cómoda. Iba rápido como ellos, pero al final prefería no llegar, aunque eso implicara terminar con su vida. Descubrió que se había quedado con la creencia de que sus relaciones con los hombres debían ser así.

Al realizar este trabajo se dio cuenta de que estaba repitiendo este patrón con los hombres que la pretendían. Sentía que la iban a presionar y reaccionaba huyendo y terminando la relación con la persona, así que prefería no llegar a un noviazgo, aunque en realidad anhelara un novio.

También se dio cuenta de que al llegar al vientre, los gemelos cayeron sobre ella, sentía mucha presión y los tenía que retirar. Esto reforzaba aún más la reacción que tenía de retirar a los hombres por miedo a que la lastimaran. Percibió que tenía mucho miedo a la intimidad y vivía con la creencia de: "les tengo que caer bien, si no me van a dañar"; Jesús le dijo la verdad: "ellos están ahí, pero tú eres la elegida, no te van a hacer daño". Con eso se sintió más segura.

Además se percató de que vivía con la creencia hacia los hombres de que: *"si se van me siento más libre"*. Jesús también le mostró la verdad y sintió en su interior lo siguiente: "Si tengo que estar con alguien, me va a querer como soy".

Cristal se iba de un extremo a otro: primero quería que no se fueran por miedo a quedarse sola y hacía todo lo que podía para que se quedaran, pero después se cansaba y reaccionaba ahuyentándolos.

Después de trabajar todo esto, ahora permite que los hombres se acerquen más, con límites sanos.

Algunas personas, por alguna circunstancia, tuvieron alguna experiencia desagradable con sus gemelos, como el caso que presentamos a continuación.

TESTIMONIO DE ALONSO

Alonso es un niño de 7 años que tenía muchos problemas en su escuela, todo el tiempo estaba peleando con los demás. Incluso los maestros le recomendaron a la mamá que comenzara a tomar medicamento psiquiátrico bajo supervisión.

Cuando el niño comenzó a trabajar el viaje a la implantación dijo de inmediato que alguien venía con él, y cuando estaba a punto de llegar al vientre comenzó con su gemelo una lucha literalmente de vida o muerte. Decía que el espacio para entrar era muy pequeño y que solo uno podría pasar.

Esto coincidía con la información que la mamá había proporcionado, pues comentó que su matriz tenía forma de corazón invertido, una situación que dificultaba embarazarse debido al espacio tan estrecho para que pasara el ovulo concebido.

El niño tuvo que pelear para pasar y lograr su objetivo. Esto mismo repetía una y otra vez en la escuela cada vez que quería alcanzar algo. Así, cuando alguien interfería en lo que quería lograr reaccionaba golpeando.

Cuando Alonso trabajó esta parte de su historia, se dió cuenta de que no tenía que seguir viviendo así y que no iba a perder la vida al relacionarse con los demás en la escuela, ni tenía que estar luchando por tener un lugar.

No fue necesario un tratamiento psiquiátrico, solamente conocer la raíz de su conflicto y trabajarlo. Después de esto, fue mejorando la relación con sus compañeros y sus hermanos.

CASO DE MELINA

Otras maneras de repetir los patrones de comportamiento desde el vientre, están relacionados con la comida, por ejemplo, algunas personas han experimentado la necesidad de querer comer por sus gemelos. Algunos sienten la necesidad de darle de comer a toda la gente, debido al miedo de revivir la sensación de pérdida de su gemelo.

Una mujer que llamaremos Melina llegó a nosotros y descubrió la forma de control que ejercía hacia las personas a través de la comida o de decirles lo que tenían que hacer, pues detrás de todo esto había un gran miedo a perderlos o a que les pasara algo. Quería que la comida nunca faltara. Trataba de que nada se saliera de control.

También se le dificultaba sentir su individualidad, como sucede a muchas personas que han tenido gemelos, pues aunque su hermano o hermanos hayan muerto en el vientre los sintieron muy cercanos, incluso como si estuvieran fusionados.

Melina siempre da de comer a los demás. Se preocupa

sobremanera si alguien no está comiendo. Incluso prefiere quedarse sin comida para darle a otros.

Acumula cosas y comida para que no falte nada. Siempre deja más comida en el sartén porque tiene miedo de que falte si alguien llega y necesita alimentarse. Duerme con tres o cuatro almohadas, pues siente que tiene a sus gemelos cerca.

Le gusta servir a los demás, pero siempre actúa con un patrón: le lleva comida al que no tiene, provee a todos, y no come hasta que todos comieron aunque eso implique que casi no haya alimento o que tenga que comprar más cosas. Tiene listo todo antes de que la gente lo pida, pero después cuando ya se cansó de atender a otros, se enoja porque los demás no han hecho su trabajo.

Dice que generalmente hace estas cosas solo con la gente que quiere mucho, por el miedo inconsciente de que se vayan a morir.

Melina fue descubriendo esta forma de relacionarse con los demás y se dio cuenta de que eso fue lo que vivió en el vientre con sus gemelos. Eran dos hombres y una mujer.

Descubrió que su mamá no estaba lista para tenerla. Nos contaba que no se quería mover para que su *"mamá no se diera cuenta"*. *"No quería que los gemelos sintieran hambre, porque si se movían la mamá sabría que estaban ahí."* Así, ella sentía que los alimentaba para que no se movieran.

También manifestó que les daba de comer para no quedarse sola. Cuando los gemelos murieron creyó que: *"se fueron porque no completábamos de comida. Llegaba muy poca comida."*

Ahora que es mamá repite esto con sus hijos: *"Tengo un pánico con mi hija porque no come, y es un pánico de que se me vaya a morir."*

Cuando sus gemelos se murieron creía que ella era la responsable. En oración, Jesús le dijo que ella no era responsable y que había comida para todos.

También tuvo que trabajar en su individualidad. *"Creía que éramos una sola cosa, que éramos una extensión uno del otro."*

Descubrió otra situación en la relación con los hombres, derivada de su experiencia con los gemelos. Siempre se llevó muy bien con ellos. Incluso de joven la persiguieron hombres casados que le hicieron propuestas de liarse, pero ella los rechazó, pues tenía muy claro lo que quería: un hombre soltero para ella, para vivir su vida. Ella no estaba dispuesta a renunciar a su relación con Dios, a la Eucaristía. Así que eso le ayudó a superar esta tentación que se le presentaba, al haberse sentido muy cerca de sus dos gemelos hombres.

CASO DE MARIO

Cuando ha habido varios gemelos pudo haberse generado un patrón de comportamiento diferente con cada uno.

Un hombre que llamaremos Mario descubrió a tres gemelos. Los nombró Bernardo, Sebastián y María. Pudo identificar como se relacionó con cada uno de ellos y como había repetido esto en su vida. Con algunos hombres cercanos vivía dependiendo de los demás, debido a su relación con Bernardo, y con las mujeres cercanas tenía la tendencia a rescatar, como lo hizo con María. Así describe su experiencia:

"Al empezar a trabajar los gemelos me di cuenta de cómo

son cada uno y entendí mucho de mis relaciones enfermizas.

Mis gemelos se llaman Bernardo, Sebastián y María.

En el camino al vientre, Bernardo me golpeaba toscamente, quería llevar la delantera y dominar. Sentía que me asfixiaba, hasta que lo retiré y me sentí bien. Y así me pasa con algunos hombres. Duro buen rato dejándome dominar, me vuelvo dependiente, hasta que llego a un límite.

Tenía amigos que me molestaban mucho, los aguantaba, hasta que me cansaba y los retiraba. Cada vez que los retiraba, me sentía bien. Así como hacía con Bernardo, era como si pensara lo dejo en un lugar donde no me vaya a seguir atacando.

Sebastián, en cambio, era más cariñoso, pero cualquier cosa lo lastimaba. Con eso siento mucha culpa y dejaba que hiciera lo que quería para compensar esa culpa, pero cuando lo retire me sentí mejor. Así me pasa con un amigo. En una ocasión hice un comentario para bromear, y él se sintió muy mal. Ya no hallaba que hacer, no hallaba como hacerle con él.

María y yo íbamos muy cerca. No me podía despegar de ella y no quería que le pasara nada. Siento que algo de ella se quedó en mí. Así me pasa mucho con mis alumnas, las protejo para que no les estén haciendo daño. Antes era muy fuerte el querer ayudar y quitarle a las mujeres cercanas todo lo que se pueda de problemas, ahora ya puedo separar más eso. Ahora, después de descubrir todo esto me siento mejor, si no las puedo ayudar, ya no hay problema."

A continuación, presentamos un testimonio bastante completo que nos compartió una mujer a la que llamaremos Natalia. En ella se engloban diversos patrones de comportamiento que comenzaron con la pérdida de sus gemelos. Ella trataba de rescatar a los demás, controlar para que no se fueran y si era necesario hacía lo que otros quisieran para no ser abandonada. Tenía miedo de mostrarse como ella era. Al trabajar la raíz de esto, pudo sanar muchas áreas de su vida.

TESTIMONIO DE NATALIA

"La primera vez que me pasó por la mente la idea de que pude tener un gemelo fue cuando atendí lo de una separación, me cambiaba de trabajo, de compañeras. Me dolió mucho, en especial la separación de una compañera con la que llevaba una fuerte relación. Una parte de mi decía "ya es tiempo de cambiar" pero otra no podía, me sentía anclada, tenía mucho miedo de quedarme sola. Empecé a ponerle atención al miedo y de repente sentí como si estuviera rodeada de agua, luego vi como si estuviera en una gran resbaladilla a punto de caer, me resbale y en el camino sentí como si algo se hubiera reventado. Sentí que caía en un colchón rosado y me quede esperando a que alguien más bajara, pero nadie lo hizo. Me dio mucha tristeza y comencé a llorar desconsoladamente por el dolor que me producía sentirme sola. La persona que me atendía me preguntaba qué pasaba y yo le decía: "no sé dónde quedó" y lloré mucho.

En ese momento sentí que era una mujer llamada Denis que muy seguramente se quedó a mitad del camino. Yo no cabía de asombro. Esa fue mi primera aventura con los gemelos. No lo entendí mucho para ser sincera, pero recordé que cuando era niña siempre platicaba sola, con una niña que era igual que yo. En alguna ocasión yo le dije a una amiga: Yo tengo una gemela que está muerta. Entonces pensé, juntándolo todo, que tal vez no era mi imaginación de niña o mis ocurrencias lo que me llevaron a decir eso, sino que había algo más profundo que había salido a la luz con este trabajo interior."

Antes de continuar con el testimonio, queremos señalar esta descripción que hace Natalia sobre la resbaladilla y la forma de llegar a un colchón rosado, pues narra muy gráficamente lo que sucede en el vientre antes de la implantación, es decir cuando el óvulo fecundado va cayendo por la trompa de falopio a la matriz.

Natalia continúa describiendo la forma en que esto afectó su vida:

"Una de las cosas que más me llamó la atención era la manera en la que toda mi vida había estado buscando a esa hermana en mis relaciones de amistad. Siempre tenía amigas muy apegadas, las quería traer conmigo como si fueran mi propia sombra. Eran relaciones meramente codependientes pues yo sentía una gran necesidad de rescatar y de cuidar a la amiga para que no se fuera. Aunado a ello tenía un gran sentimiento de culpa por tener una familia que me quisiera. Sentía que no merecía y todo lo que era mío lo daba desde niña. Siempre alistaba y regalaba mis juguetes. Era como querer compensar al otro porque nací.

Empezar a trabajar la parte de "merecer nacer" me ayudó a cortar con relaciones insanas y a darme cuenta de que ya no quería cargar con más gente, merecía ser libre y feliz.

No solo eran relaciones con mujeres buscando a la hermana, sino con hombres también. En una ocasión uno de mis amigos fue amenazado de muerte, cuando me dio la noticia entré en shock, tenía tanto miedo y dolor de perderlo que me la pasaba rezando y llorando para que no le pasará nada. Era un miedo que me sobrepasaba. En una ocasión cuando estaba en la iglesia pidiendo por él, me dije a mi misma "ah caray, porqué tanto dolor ante esto". Éramos muy buenos amigos pero sentí que era demasiado.

Me pregunté: ¿Por qué me duele tanto? Ciertamente la situación era alarmante, pero yo sentí que era mi responsabilidad cuidarlo, que tenía que mantenerme con él para que no le pasara nada. Le pregunté al Señor: ¿Por qué me duele tanto todo esto?

Después Dios me contestó a través de un sueño: Una noche soñé como si fuera a nacer, estaba en una bolsa y mi cuerpo empezaba a estirarse como si estuviera realmente naciendo, de repente sentí que me atoraba y no podía más. Empecé a sentir que me asfixiaba, me empecé a desesperar y en eso se me vino la imagen como de otro bebé hombre que me estorbaba, me empecé a sentir muy molesta porque no me dejaba salir. No cabíamos los dos y él estaba inerte, no se movía. Cada vez me entraba más la desesperación por salir y a la vez me quedaba quieta esperando que el otro saliera. Después de un rato de luchar en el sueño, desperté toda adolorida y agitada.

Me quedé muy perturbada por el sueño. Cuando tuvimos la comunidad, me ayudaron para ver cómo se sentía ese sueño y nuevamente me conecté con mi nacimiento. Sentí como si trajera pegado ese hermano, y atendí el enojo que me causaba traerlo pegado, hasta poder quitármelo.

Después de trabajar mi relación con los hombres también me daba cuenta que para mí es muy fácil entablar una relación de amistad, pero me cuesta trabajo verlos como algo más. De cualquier forma siempre buscaba cercanía, tal vez buscando a ese hermano perdido.

Confieso que después de esto, creció más mi duda: ¿Cómo que son dos hermanos? ¿hombre y mujer? Pues en realidad solo Dios sabe cómo y por qué, pero no podía negar lo que mi ser sentía y veía."

Al descubrir a su gemelo desaparecido, pudo identificar un patrón de relación con los hombres:

"Esto del gemelo hombre no paró aquí. Me di cuenta de cómo en mis relaciones yo sentía que lastimaba mucho a la gente. A pesar del abuso que podía recibir por parte de otros, no era capaz de poner límites. Algo en mi interior creía que lo merecía, que yo los lastimaba y merecía ser lastimada. Realmente pensaba que algo estaba mal en mí.

Al irme otra vez al vientre sentía que estaba muy apretada. Sentía como si trajera a mi hermano en la espalda y tenía dolor. Tenía enojo de que me estorbaba y sentía culpa de querer quitármelo. Pensaba que si no hacía algo me moría. Sentía que si me movía, mi hermano se iba a morir. Ahí quedo la creencia de que yo lastimo a la gente y que yo tenía la culpa de su muerte. Sentí que Dios me decía con una voz muy dulce "como va a lastimar a la que le he dado mi ternura". También me dijo que no tuviera miedo y él sostenía a los dos. Después empecé a moverme y vi como mi hermano se desprendía. Dios me dijo que si quería despedirme de él. Le agradecí a mi hermano por haberme acompañado, le entregué su identidad de hombre, pues yo antes quería ser fuerte, no aceptaba mi feminidad.

Cuando me despedí de él, me dijo que nunca estaría sola, que él me acompañaba desde el cielo, que no me sintiera culpable y que esa era su misión. Él se veía feliz y eso me tranquilizó. Le agradecí a Jesús que me amara tanto y me hubiera puesto una persona especial para acompañarme.

Ya no quería buscar a mi gemelo en los hombres. El me mostró una imagen donde estaba parada y llegaba un hombre, me tomaba de la mano, ya no como hermano, sino como pareja. Al principio creí que era mi imaginación, pero Jesús me dijo que me daría hijos y le daría gloria por ello.

Después de esto, me sentí segura de ser quien soy y de mostrarme tal cual sin miedo de lastimar a los demás por mi forma de ser. Hoy he iniciado una relación con una pareja que llegó a mi vida sin necesidad de buscarla. A diferencia de las otras relaciones, he podido realizar mi papel de mujer libremente y lo he dejado ser el hombre. Ya no lo veo como el hermanito que tengo que cuidar.

Todo esto lo cuento como algo que Dios me ha revelado. Lo cuento como lo percibí y entendí. Hay cosas que la razón me pudiera hacer dudar, pero mis sensaciones y mi ser interior me revela la verdad de mi historia que está grabada en todo mí ser.

Le doy gloria a Dios por la sanación y los cambios que hace en mi vida."

Cuando Natalia trabajó con su gemelo desaparecido y lo dejo de buscar en los hombres, Dios cumplió lo que le había mostrado: llegó un hombre a su vida, ahora está casada con él y tienen una hija.

¿CUÁL ES LA CLAVE PARA CAMBIAR LOS PATRONES DE COMPORTAMIENTO QUE SE REPITEN?

Cuando somos conscientes de lo que vivimos en el vientre, en lugar de dejarnos llevar por nuestros impulsos o instintos, tenemos la opción de elegir por la vida y dejarnos guiar por Dios.

Es importante seguir tomando conciencia de la forma en la que estamos repitiendo estos patrones en nuestra vida, con qué personas y en qué momentos. Así podemos elegir hacer un cambio para caer lo menos posible en las relaciones enfermizas.

Dios mismo nos da consejos de sabiduría en el libro de Eclesiástico:

"Acude siempre a quien teme al Señor, a quien sabes que observa los mandamientos, que tienen una conciencia como la tuya y que compartirá tu pena si llegas a caer." (Eclesiástico 37, 12)

"Pero, sobre todo, suplica al Altísimo para que dirija tus pasos en la verdad.

La Palabra es el principio de toda actividad, el consejo va primero que cualquier obra. La mente toma las decisiones y de ella brotan cuatro ramas: bien y mal, vida y muerte; pero al final, quien decide es la lengua. Hay quien es hábil para enseñar a otros, pero para sí mismo es un inútil." (Eclesiástico 37, 15-19)

En nuestra vida pueden llegar muchas tentaciones, y una de ellas es precisamente vivir en relaciones enfermizas, dependiendo de los demás en lugar de Dios. Por ello es muy importante mantenerse dentro del plan de Dios, haciendo su Voluntad, pues esto solo nos encaminará al bienestar, a la plenitud, a nuestra felicidad. No hay otra cosa que Dios quiera para nosotros: solo quiere amor. Como dice un santo "la gloria de Dios es que el hombre viva".

Melina que nos dio su testimonio y está escrito unas páginas atrás, conoció de cerca las tentaciones de las que hablamos. Al quedarse viuda, muchos hombres, aún casados, se acercaron a ella buscando tener relaciones sexuales. Sin embargo, ella los rechazó. Tenía muy claro que era más importante estar unida a Dios y recibir a Jesús en la comunión. Eso, por supuesto, le daba más vida y plenitud. Tenía frente a ella la vida y la muerte, y ella eligió a Dios, que es la Vida.

Así, para salir de estos patrones enfermizos que surgen de haber tenido un gemelo desaparecido, hay que utilizar las herramientas que Dios nos brinda, por ejemplo: podemos acudir a la Palabra de Dios, que se puede convertir en un manual de vida, pues El mismo dice: *"Como la tierra y la nieve caen del cielo, y solo regresan allí después de empapar la tierra, de fecundarla y hacerla germinar, para que de semilla al que siembra y pan al que come, así será la Palabra que sale de mi boca: no regresará a mi vacía, sino que cumplirá su Voluntad y llevará acabo mi encargo"* (Isaías 55, 10-11).

Además, como católicos tenemos la ayuda de los Sacramentos donde Dios se entrega plenamente a nosotros. Así también es muy importante pertenecer a una comunidad para recibir el apoyo y sostener a los demás.

Hay que seguir el proceso de sanación que recomendamos a lo largo del libro y que resumimos en el último capítulo.

EL AMOR DE DIOS

Dios es Amor (Jn 4, 8). Así sencillamente. Pero, ¿qué es el Amor? San Pablo, en su primera carta a los Corintios describe con belleza al Amor:

"El amor es paciente y bondadoso; no tiene envidia ni orgullo ni arrogancia, no es grosero ni egoísta, no se irrita ni es rencoroso; no se alegra de la injusticia, sino que encuentra su alegría en la verdad; todo lo disculpa, todo lo cree, todo lo espera, todo lo soporta. El amor nunca pasara. Terminará el don de hablar de parte de Dios, cesará el don de expresarse en un lenguaje misterioso, y desaparecerá también el don y el conocimiento profundo."
(1ª Corintios 13, 4 al 8)

Este tipo de amor es el que Dios tiene por nosotros, pues somos únicos e irrepetibles, somos los elegidos por El.

De su Amor está llena la tierra y todo el universo. Así fueron creadas las bellezas de este mundo: los glaciares, la sierra, la nieve, la playa, las montañas, las estrellas, las galaxias. Pensemos en la inmensidad y la grandeza de cada lugar, y la vida que emanan.

Sin embargo y a pesar de su hermosura, esta no es la creación más maravillosa de Dios. La creación con la que más se esmeró eres tú. Decidió habitar en ti, te eligió. Tejió cada órgano, triunfaste entre millones de espermatozoides, te formaste perfectamente, **"te fui tejiendo en las entrañas de tu madre"**, te dice Dios. Y además de un cuerpo, te dio un alma, para amar como El ama. ¿Y cómo puedes amar como El?: dejándote amar por El. "Ámense como Yo los he amado", dijo Jesús.

Lo más importante es estar con Dios, solamente en El encontraremos la felicidad.

Reflexiona un momento. ¿Qué cosas buenas has tenido en tu vida? Has un recuento, Dios te las ha regalado. ¿Qué momentos bellos has vivido? Has un recuento, Dios te los ha regalado.

Recordar y agradecer nos ayuda a vivir con mayor alegría y amor.

ORACIÓN

La oración es un diálogo con Dios. Para escucharlo hay que hacer silencio.

Lee las siguientes palabras e imagina como Jesús te habla:

Eres único y especial, elegido por Mí. Te conozco como la palma de mi mano.

Fuiste creado para estar en mí. Soy el Salvador y estoy en todas partes. Te amé desde la eternidad y te amaré por toda esa eternidad.

Yo Soy, el que está presente, el que te cuida, el que te ama. Tengo un llamado especial para ti. Tengo mucho amor para dar, para el que quiera recibirlo.

Lo más importante es que estés conmigo, alegre o llorando, porque te amo, te amo, te amo.

Aunque tu padre y tu madre te rechazaran, yo nunca me olvidaré de ti (Isaías 49, 15)

Así como me ves en Belem, con esa ternura, te veo a ti. Para mi eres mi pequeño, por eso me presento como el Buen Pastor que carga a su ovejita herida y busca a la que está lejos.

Eres digno de ser amado, porque eres mi hijo. No tienes que hacer nada: ni cambiar tu aspecto, ni tus vestidos, ni tu cuerpo. Así te amo, no tienes por qué mendigar otro amor.

Ve mi corazón traspasado y leerás en El todo el amor que tengo para ti, sin reservas.

Todas las flores, todo el fruto, toda el agua, los animales, son un regalo especial que te doy.

Déjame amarte y abrazarte.

En la desesperación... déjame amarte y abrazarte

En la tristeza... déjame amarte y abrazarte

Cuando sientas que todos se van... déjame amarte y abrazarte

En la soledad... déjame amarte y abrazarte

En el dolor... déjame amarte y abrazarte

En la alegría... déjame amarte y abrazarte

En la desilusión... déjame amarte y abrazarte

En la desesperanza... déjame amarte y abrazarte

Mi corazón solo sabe amarte.

"Tanto amó Dios al mundo que le dio a su Hijo único, para que todo el que crea en El no perezca, sino que tenga vida eterna"

(Juan, 3, 16)

Tomate un momento para sentir en tu interior este versículo, sustituyendo "mundo" por tu nombre. Siente todo ese amor que Dios tiene para ti.

LOS DONES DE HABER TENIDO UN GEMELO EN EL VIENTRE

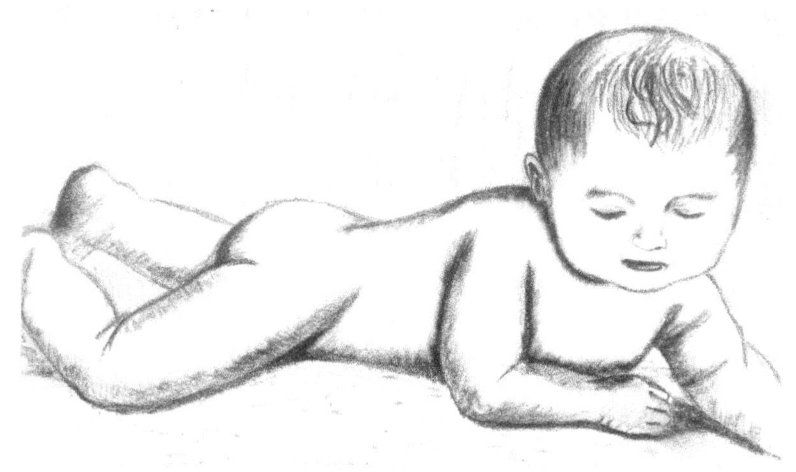

Al sanar la herida, Dios pule esos dones que se recibieron al tener un gemelo en el vientre. Se quedan atrás las formas obsesivas y se refuerzan las buenas prácticas que se adquirieron ahí.

Por ejemplo, cuidar de los demás se puede realizar por amor, y no impulsado por el miedo o la culpa que había cuando el gemelo se fue.

Así también, hemos visto otros dones que surgen y se perfeccionan al sanar la herida. Aquí los presentamos a continuación:

- Algunos hombres que han perdido a su gemela en el vientre, desarrollan la capacidad de proteger a las mujeres que hay a su alrededor.

- Ayuda a vivir el plan de Dios de ser comunidad, de no vivir aislados, de hacer hermandad.

- Preocuparse por los seres queridos, pero no de una forma obsesiva, sino con amor.

- Permite un mayor acercamiento a Dios.

- Se recibe el consuelo de Dios en ese momento de pérdida, y así las pérdidas subsecuentes son más llevaderas.

- Otorga esa capacidad de compartir y darse a los demás.

- La persona reafirma su misión y se siente elegida por Dios.

- Se busca proteger al desprotegido y alimentar al que tiene hambre, con una intención más pura de amor.

- Se transforma la culpa por una verdadera compasión por los que tienen menos o los que sufren.

- Se aprecia el don de dar la vida por otros, por amor.

- Se toma conciencia de que no venimos a estar solos, sino que en el cuerpo místico de Cristo nos apoyamos unos a otros en la vida.

- Se acepta y se vive con mayor profundidad la comunión de los santos.

- Se aprende a dejar en libertad a los demás, a no adueñarse de ellos.

- Se capacita para relacionarse de una forma sana con los esposos y los novios, sin pretender que sean como sus hermanos.

- Se pueden ir dejando de lado las relaciones enfermizas.

- Se termina con la violencia que inició en esos momentos de la vida, en los casos de personas que han tenido que pelear con sus gemelos.

- Se percibe la muerte de otra manera, se disminuye el miedo al dolor emocional por esta causa.

- Se adquiere el aprendizaje de que podemos estar acompañados, pero también podemos ser autosuficientes y vivir de la mano de Dios, cuando alguien no está a nuestro lado.

- Ya no se permiten abusos.

- Se deja de abusar de los demás.

- En lugar de manipular, se trata a la gente con respeto.

- Se adquiere un mayor sentido de vida, y más ganas de vivir.

- Algunas personas pueden hacer su vida y formar un matrimonio, al dejar de ver a las parejas como hermanos.

- Dios libra a la persona de las mentiras que el enemigo siembra en ese momento para tratar de destruir el alma, las relaciones con los demás y confundir la identidad.

- La persona puede descubrir su verdadera identidad como hombre o mujer, y dejar de lado el engaño de que es homosexual, lesbiana o bisexual.

- El Señor libera a la persona de espíritus malignos que no permiten vivir plenamente.

- Se sanan sentimientos que habían permanecido ahí desde el vientre, y se puede tener mayor autoconocimiento y autoaceptación.

- Se comienza a vivir el amor con mayor plenitud.

Seguramente habrá muchos otros dones y regalos en el maravilloso plan de Dios, cuando alguien sana esta pérdida, aunque a veces no los alcancemos a ver todos. ¡Gracias Dios por la sanación!

¿QUÉ PUEDO HACER?

A lo largo del libro, hemos profundizado sobre los diferentes aspectos que implican haber tenido un gemelo desaparecido y lo que se puede hacer. En este capítulo hacemos un breve compendio de las cosas que ayudan a superar esta pérdida, según lo que hemos experimentado.

1. Pídele a Dios que te diga el nombre de ese gemelo.

2. **Vive tu duelo**, aceptando los sentimientos que surjan. Recuerda que alrededor de una pérdida hay varios sentimientos: tristeza, soledad, enojo, culpa, etc. Concéntrate en buscar estos sentimientos en tu cuerpo y respétalos hasta que haya un cambio. Toma todo el tiempo que necesites para ello, pueden ser días, meses o quizá hasta años.

3. **Pídele a Jesús que te diga la verdad**. Muchas veces quedan creencias falsas por la pérdida del gemelo, por ejemplo: que somos culpables de su muerte, que somos homosexuales o bisexuales, que no merecemos, etc. Profundiza en las creencias que quedaron a raíz de esto y

pídele a Jesús que te muestre la verdad, para que ya no vivas con ese engaño.

4. Si el gemelo es de sexo contrario al tuyo, es importante **entregarle su identidad**, y reafirmar tu rol como hombre o mujer, según el plan de Dios para ti. Repasa el capítulo "Confusión de identidad" y realiza las oraciones que ahí aparecen.

5. **Pídele a Dios que corte cualquier atadura** que haya quedado con el gemelo o con tu mamá, a raíz de esta pérdida. Así también pídele que quite cualquier deseo de muerte y sus consecuencias con la oración que aparece en el capítulo "Deseos de morirse".

6. **Entrega tu gemelo o gemelos a Dios.** Puedes realizar una especie de ritual como hacer una carta a tu gemelo y lanzarla al viento, dejarla ir con un globo de helio o bien quemarla e imaginar que el humo que sube va hacia la casa de Dios Padre. Además puedes realizar el ejercicio para entregar a un gemelo desaparecido que viene en capítulos anteriores.

7. **Toma conciencia** de la forma en la que has estado buscando a tu gemelo o gemelos en otras personas o cosas. Date cuenta de que solo podemos depender de Dios. Es importante saber que el gemelo es un ser con un alma, que vive junto con Jesús en la comunión de los santos. Podemos confiar en que no ha muerto, pues Dios es un Dios de vivos y no de muertos. Cada vez que quieras buscarlo fuera, has conciencia de que siempre te acompaña.

8. **Ofrece una Eucaristía** en honor a tus gemelos. Puedes hacerlo en silencio antes de iniciar la misa.

9. **Date cuenta de los patrones de comportamiento** que estas repitiendo y pídele a Dios la gracia de relacionarte sanamente.

10. **Reconoce los dones** que Dios te ha dado a través de la sanación de este suceso y agradécelo.

11. **Dale gracias a Dios por tu vida porque pensó en ti desde toda la eternidad.**

CONCLUSIÓN

Lo que hemos investigado y escrito en este libro, ha sido por voluntad de Dios. Él nos ha llevado a conocer esta fascinante y asombrosa experiencia que no imaginábamos que existiera.

Más de 10 años de investigación de campo y la atención de cientos de casos, nos han llevado a concluir que hemos venido con una misión importante, y en muchas ocasiones acompañados de uno o más gemelos en el vientre de nuestra madre.

Ha sido una gran alegría ser testigos de las maravillas de Dios, de la sanación que El otorga cuando una persona descubre a su gemelo o gemelos; así como poder compartir con todos ustedes lo que el Señor nos ha revelado.

Las personas que han descubierto esta realidad, han podido tener una vida más plena, como Jesús quiere, experimentando cada vez más su infinito amor, como El mismo dice en el capítulo 15 de San Juan: *"así como el Padre me ha amado, así los amo yo, permanezcan en mi amor"*.

Deseamos, de todo corazón, que todos aquellos que en este libro encontraron una ayuda para mejorar su vida, sigan disfrutando del AMOR INFINITO DE DIOS.

ANEXO 1

SENTIMIENTOS Y ESPIRITUALIDAD CRISTIANA

Aportación del Dr. Edwin M. McMahon S.J. y el Dr. Peter A. Campbell S.J.

El Dr. Edwin M. McMahon y el Dr. Peter A. Campbell hablan acerca de la importancia de los sentimientos en el desarrollo de la espiritualidad. Por ello presentamos un extracto de su libro "Redescubriendo la conexión corporal pérdida en la espiritualidad cristiana":

"Dentro de las diferentes culturas y países en los que hemos trabajado, encontramos, con raras excepciones que la gente ha desarrollado el hábito de tratar a los llamados sentimientos negativos tan duramente, como si fueran alguna clase de enemigos, o una amenaza a su bienestar. Como resultado de esa tan común percepción, la gente desarrolla rituales internos y externos, mitos, formas artísticas, ritos de iniciación y hasta ciertas prácticas "religiosas", para lidiar con ellos o para

exorcizar a esos enemigos en sus vidas. Esta forma tan común de percibir como negativos esos sentimientos, crea invariablemente baja autoestima, culpa y reacciones de impotencia y miedo cada vez que surgen.

Decidirte deliberadamente a dar un giro de 180 grados, para abrazar a tu cuerpo, con todos los sentimientos importantes, cualesquiera que estos sean, no sucede de la noche a la mañana. Significa desarrollar el nuevo hábito de cuidar amorosamente tu cuerpo que esta cargando el peso de esos sentimientos llenos de tensión. Esto involucra aprender y practicar una diferente vía corporal de relacionarnos con los sentimientos que a menudo etiquetamos como malos o negativos, para que esos viejos miedos y esa impotencia no nos esclavicen más. En todas las religiones que hemos conocido, incluyendo nuestro propio cristianismo, ha sido descuidado totalmente este aspecto, convirtiéndose ello en el obstáculo fundamental para la plenitud humana y la santidad, presente tanto en sus programas educativos como en la formación religiosa, e incluso el desarrollo de su espiritualidad."

"Los antiguos maestros hebreos se dieron cuenta de que incluir el conocimiento del cuerpo era parte integral para una comunicación efectiva de la palabra de Dios a personas iletradas, la información por si sola, nunca podría transmitir el mensaje total, el conocimiento de Dios, de alguna manera, hecha raíces más profundas en el organismo más allá aún de la capacidad de la mente, para pensar y analizar. Esos maestros, por lo tanto, buscaron una forma más efectiva de entrar tanto al conocimiento del cuerpo como al de la mente.

En nuestra experiencia poca, pocos cristianos se dan cuenta de que los sentimientos plenos de significado y las sensaciones sentidas ofrecen una preciosa invitación y una puerta hacia una relación más profunda con Dios en Cristo.

Nuestro organismo humano ofrece un camino lleno de sorpresas, de sensaciones físicas, de verdades llenas de significado, y una vasta e inexplorada forma de vivir que puede ayudar a llevar a cada individuo por su propio camino hacia el cuerpo del Cristo total. Si aprendemos el arte de crecer en este nuevo paradigma dentro de nosotros, podremos comenzar a desarrollar una calidad de presencia y de cuidado que, después de cierto tiempo, repercutirá en nuestras relaciones.

BIBLIOGRAFÍA

Agustín, San (2006). Confesiones. México: Editorial Lectorum S.A de C.V.

Biblia de América. (1994). Madrid, España : La Casa de la Biblia .

Catecismo de la Iglesia Católica. España: Asociación de Editores del Catecismo

Cabarrús, Carlos Rafael, S.J. (2009). Crecer bebiendo del propio pozo. Bilbao: Desclee de Brouwer.

Chávez Corral, Dora Virginia, Dra. (03 de Febrero de 2015). (J. E. Ordoñez Rodríguez, & L. R. De la Vega Márquez, Entrevistadores)

Emerson, William, F. L. (2003). Recordando nuestro hogar . Buenos Aires, Argentina: Distribuidora Lumen SRL.

First, M. B. (17 de Marzo de 2000) Obtenido de psicomed.net: http://www.psicomed.net/dsmiv11.html#3

Hampsch, John. Padre, Sanar tu árbol genealógico, amazon.com.mx.

Imbert, Claude (2004). El futuro se decide antes de nacer . Bilbao, España: Serendipity, Desclée de Brouwer.

Jiménez, Carlos Alberto (15 de Enero de 2016). Obtenido de www.ludicacolombia.com: https://scholar.google.com.mx/scholar?hl=es&q=CEREBRO%20CREATIVO%20Y%20LUDICO%2C%20CARLOS%20ALBERTO%20JIMENEZ

Kenneth, Mcall (2015). Sanando el árbol genealógico. Querétaro, México: clima neutral.

Lawrence, Wright (2001). Gemelos. Barcelona, España: Paidós.

McMahon, E., & Campbell, P. (1993). La Gracia de Perdonarte a ti mismo a través del Enfoque Interior. México, D.F.: Instituto para la Investigaciòn Bioespiritual.

McMahon, E., & Campbell, P. (1993). Sentimientos y espiritualidad cristiana. Mèxico, D.F.: Instituto para la Investigación Bioespiritual.

Valdez Castellanos, Luis, S.J. (2008). De la culpa a la paz y al amor. México : Obra Nacional de la Buena Prensa A.C.

Vazquez Loya, Dizán (20 de agosto de 2010). Obtenido de www.iglesiaenchihuahua.org: http://www.iglesiaenchihuahua.org/index.php?IDDT=535 &OPT2=66&NIVEL1=;

Vargas Hernández, Victor Manuel *. J. (2005). Recuperado el 15 de 02 de 2016, de medigraphic: www.medigraphic.com/pdfs/juarez/ju-2005/ju054e.pdf

173

¡DIOS TE BENDIGA!

www.ingramcontent.com/pod-product-compliance
Lightning Source LLC
Chambersburg PA
CBHW070810280726
48660CB00015B/187